Verliebt in Tim

Easy German Grammar Stories

Thomas Gerstmann

Illustrations and Cover: Momo

Copyright © 2015 Thomas Gerstmann

ISBN: 1522942939
ISBN-13: 978-1522942931

Inhaltsverzeichnis

Einleitung

Dieses Buch ist für alle Deutschlerner, die gerne lesen und die auf eine einfache, effektive und angenehme Weise ihre Deutschkenntnisse verbessern wollen. Es ist für Lerner mit guten Grundkenntnissen ab Niveaustufe A2 geeignet und kann auch als ergänzende Vorbereitung auf die B1 Prüfung benutzt werden.

Das Buch hat drei Teile:

1. Die Geschichte: Mit Fußnoten für schwierige oder wichtige Wörter auf Englisch und Japanisch

2. Konjunktiv 2: Form und Gebrauch, Erklärungen der Textstellen, Lückentext mit Lösungen

3. Verben mit festen Präpositionen: Erklärung, Gebrauch, Tipps und Lückentext mit Lösungen

Weitere Aufgaben, eine Audioversion und Zusatzmaterial gibt es auf meiner Homepage:

www.easygermangrammarstories.de

Das Passwort dafür findest du auf Seite 55.

Wie soll man mit dem Buch am besten lernen?

Zunächst solltest du die Geschichte einmal ganz durchlesen. Du kannst sie dir natürlich auch anhören. Es ist dabei nicht nötig, *alles* zu verstehen. Es reicht, wenn du die Geschichte beim ersten Mal nur ungefähr verstehst. Hattest du Probleme mit den Sätzen im Konjunktiv oder mit den Verben? Dann solltest du dir vielleicht als Nächstes den Teil 2 und 3 mit den Erklärungen ansehen. Anschließend kannst du die Geschichte noch einmal lesen oder hören, und du wirst schon viel mehr verstehen. Beim dritten Mal musst du sehr genau lesen und unbekannte Wörter im Wörterbuch nachschlagen. Jetzt solltest du auch die jeweiligen Kapitel möglichst oft anhören und auch auf meiner Homepage mit einer abwechslungsreichen Vokabel-App die wichtigsten Wörter lernen. So kannst du nach und nach jedes Kapitel bearbeiten. Wenn du dich sicher genug fühlst, kannst du die kleinen Tests im Buch oder auf der Homepage machen und kontrollieren, ob du alles kannst.

Du wirst sehen, dass du dann diese beiden Grammatikthemen viel besser beherrschst. Versuche, die neuen Wörter und den Konjunktiv 2 möglichst oft zu benutzen, damit du sie nicht wieder vergisst.

Also dann, viel Erfolg und vor allem viel Spaß!

Die Hauptpersonen

Tim lebt in Deutschland und lernt in einer Sprachschule Deutsch. Eines Tages glaubt er, dass seine Mitschülerin Jeanice mehr als nur eine einfache Freundschaft von ihm möchte.

Tim kommt aus England und liebt seine Freundin in London

Jeanice kommt aus Frankreich,
lebt bei einer deutschen Familie und
liebt Tim

Julio kommt aus Spanien und liebt das Leben und die Partys

Giorgio kommt aus Italien und liebt die Frauen

Yuka kommt aus Japan,
arbeitet im Hotel und hat ein ganz
besonderes Hobby

Verliebt in Tim

1

Der Wecker klingelt. Es ist halb sieben. Ich drehe[1] mich auf die Seite und schlafe[2] weiter. Zehn Minuten später klingelt der Wecker wieder. Wenn ich jetzt nicht aufstehe, verpasse[3] ich meine Bahn. Trotzdem schlafe ich noch einmal ein. Um zehn vor sieben springe ich aus dem Bett und dusche. Während ich mich anziehe, esse ich hastig[4] einen Apfel. Dann renne ich zur Haltestelle und bekomme gerade noch die Bahn. Das war knapp[5]. In der Bahn treffe ich Jeanice. Sie lernt auch Deutsch. Wir gehen in den gleichen Kurs. Die Bahn ist voll, und wir müssen stehen.

„Hallo, Tim. Wie geht´s?"

„Hallo, Jeanice, gut und dir?"

„Na ja, ich bin noch müde. Gestern war doch die Party bei Julio, und wir haben bis zwei Uhr gefeiert."

„Gestern? Echt?"

„Ja, warum bist du denn nicht gekommen?"

„Mensch, ich habe gedacht, die Party ist heute."

„Heute?"

„Ja, heute. Heute ist der 17. Ich habe gedacht, dass die Party

---

[1] drehen = to turn = 寝返りを打つ
[2] weiterschlafen = to go back to sleep = 引き続きまた寝る
[3] verpassen = to miss (the train) = （電車に）乗り遅れる
[4] hastig = hastily = 慌ただしく
[5] Das war knapp. = That was a close thing. = ギリギリだった

am 17. ist. *16 und 17* verwechsle[6] ich immer!"

„Ach, das ist doch gar nicht so schwer! Denk[7] einfach an das Alphabet: „e" kommt vor „i" also s<u>e</u>chs und dann s<u>ie</u>ben. Sechs kommt vor sieben. Ist doch klar, oder?"

„Ja, das ist ein guter Tipp, das merke[8] ich mir."

An der nächsten Haltestelle steigen viele Leute aus, und wir können uns ans Fenster setzen.

„Du, Tim, wie lange bleibst du eigentlich in Deutschland?"

„Ich bleibe noch neun Monate. Und du?"

„Ich weiß noch nicht. Wenn ich mein Sprachzertifikat habe, bewerbe[9] ich mich um eine Stelle. Und wenn ich dann eine

---

[6] verwechseln = to confuse something = 間違える
[7] denken an + 4 = to think of = ～を思い出す
[8] sich(3) etwas merken = to remember something = 覚えておく
[9] sich bewerben um +4 = to apply to = 就活する

Arbeit bekommen kann, möchte ich noch mindestens ein Jahr bleiben."

Die Bahn hält wieder an, und die Frau auf dem Platz neben uns steigt aus. Jeanice schaut mich lange mit ihren schönen, braunen Augen an.

„Wirklich schade, dass du gestern nicht da warst. Es war sehr lustig. Wir haben viel gelacht und getanzt."

Verlegen[10] senkt sie ihren Blick [11]und spricht leise weiter: „Eigentlich habe ich auf dich gewartet[12]."

Sie hat auf mich gewartet? Wie meint sie das jetzt?

„Tut mir echt leid", sage ich, weil mir nichts Besseres einfällt[13].

„Vielleicht können wir uns ja heute Abend treffen", schlägt[14] sie vor.

Ich bin überrascht[15] über ihre direkte Art und weiß nicht, was ich sagen soll. Ich mag Jeanice. Sie ist intelligent und immer fröhlich, aber ich habe seit 6 Monaten eine Freundin in England. Jeanice könnte eine Verabredung [16] vielleicht falsch verstehen.

„Geht nicht, heute Abend spiele ich Volleyball", antworte ich.

---

[10] verlegen = embarrassed / shy = 恥ずかしそうに
[11]sie senkt ihren Blick = she lowers her gaze = うつむく
[12] warten auf + 4 = to wait for = ～を待つ
[13] einfallen / mir fällt etwas ein = sth. comes to my mind =思いつく
[14] vorschlagen = to suggest / to propose = 提案する
[15] überrascht sein über +4 = to be surprised about = ～について驚く
[16] die Verabredung / -en = the appointment = 会う約束

„Und morgen? Kannst du morgen Abend?"

„Da treffe ich mich mit Giorgio. Wir wollen Pizza essen gehen", lüge ich wieder.

„Okay, wann hast du denn Zeit?", fragt sie weiter und schaut mich erwartungsvoll[17] an.

Ich suche[18] nach einer weiteren Ausrede, aber mir fällt keine mehr ein.

Ich komme[19] mir ziemlich blöd vor, denn eigentlich ist ja auch nichts dabei[20], wenn ich mich mit ihr treffe[21].

„Am Samstag."

„Gut, dann also am Samstag. Um wie viel Uhr?"

„Um halb acht?"

„In Ordnung. Gehen wir in die Altstadt?", strahlt[22] sie mich an.

„Okay, abgemacht[23]", sage ich, obwohl mir nicht ganz wohl[24] bei dem Gedanken ist, mit ihr auszugehen.

---

[17] erwartungsvoll = full with expectation = 期待に満ちた
[18] suchen nach + 3 = to look for sth. = ～を探す
[19] sich (3) blöd vorkommen = to feel silly = 愚かに感じる
[20] da ist ja auch nichts dabei = there's nothing to it = べつに特別な意味はない
[21] sich treffen mit + 3 = to meet with someone = ～と会う
[22] anstrahlen = to beam at someone = 嬉しそうに見る
[23] abgemacht = agreed = 決まった
[24] mir ist nicht ganz wohl bei + 3 = I am not entirely comfortable with = ～について あまり良い気分がしない

Jeanice schaut jetzt aus dem Fenster, und ich kann ihr hübsches Profil sehen. Ihre langen braunen Haare schimmern[25] im Sonnenlicht. Plötzlich dreht sie sich wieder zu mir.

„Sag mal, hast du die Hausaufgaben verstanden?"

„Meinst du die Aufgaben mit dem Konjunktiv[26]?"

„Ja."

„Die waren schwierig. Aber ich glaube, dass ich sie richtig gemacht habe."

„Kannst du sie mir in der Pause erklären?"

„Na klar!"

---

[25] schimmern = to shimmer = 輝く
[26] der Konjunktiv = the subjunctive / conditional = 接続法

2

Wir sind angekommen und steigen aus. Dann gehen wir durch den Bahnhof und über den Platz zur Sprachschule. Vor dem Eingang stehen Julio und die anderen.

„Hola", sagt Julio, „ Hey, Tim, wo warst du gestern?"

„Tut mir leid. Ich habe gedacht, die Party ist heute. Du weißt ja, 16 und 17 verwechsle ich immer!"

Julio lacht[27] über meinen Fehler und sagt: „Dann machen wir die nächste Party am Samstag bei dir. Das ist der 19.!"

Jeanice schaut besorgt zu mir herüber und wartet auf meine Reaktion.

„Äh, am Samstag kann ich nicht, da habe ich schon eine Verabredung."

„Na dann eben am Sonntag", meint Julio.

„Äh, … ja, Sonntag ist in Ordnung."

„Und wann fangen[28] wir mit der Party an? Um 16 oder um 17 Uhr?", fragt Julio lachend und legt freundschaftlich seinen Arm um mich.

„Um 18 Uhr", antworte ich.

---

[27] lachen über + 4 = laugh at / about = ～について笑う
[28] anfangen mit + 3 = to start with = ～を始める

„Party bei Tim - am Sonntag um 18 Uhr!", ruft Julio den anderen zu. Julio kommt aus Spanien und ist so Mitte 40. Er liebt das Leben und die Partys.

Wir gehen ins Klassenzimmer. Herr Müller, unser Lehrer, ist wie immer ein bisschen zu spät. Er ist etwa so alt wie Julio und hat einen großen Bierbauch.

„Guten Morgen! Entschuldigt die Verspätung", begrüßt er uns und legt sein Kursbuch auf den Tisch. „Habt ihr euch auf die Diskussion vorbereitet[29]? Giorgio, könntest du bitte mal den Text auf Seite 78 vorlesen?"

Giorgio liest: „Ich sehe gern fern. Am liebsten sehe ich Spielfilme oder Fernsehserien. Für Dokumentationen

---

[29] sich vorbereiten auf + 4 = to prepare oneself for = 〜の準備をする

interessiere[30] ich mich nicht, die finde ich langweilig. Ich finde, dass es heutzutage im Fernsehen genügend Auswahl gibt. Da ist für jeden etwas dabei. Karl Schuster."

„Danke, Giorgio. Was meint[31] ihr dazu? Wer von euch sieht auch gerne fern?", fragt Herr Müller und schaut in die Klasse. Alle sind noch müde und niemand antwortet. Schließlich sage ich: „Das hängt[32] davon ab, wo ich bin. In England sehe ich gern fern, aber hier in Deutschland nicht, weil ich nicht viel verstehen."

„Moment - verstehe! ", korrigiert mich Herr Müller. „Tim, du musst mehr auf die Konjugation[33] der Verben achten[34]."

„Weil ich nicht viel verstehe", wiederhole ich.

„Gut, und was siehst du in England gern?"

„Unterhaltungssendungen und Quizsendungen."

„Ich sehe gern Liebesfilme", sagt Jeanice plötzlich und schaut zu mir herüber. „Liebesfilme finde ich langweilig", erwidert[35] Yuka aus Japan. „Ich mag Horrorfilme: Zombie, Freitag der 13. und sowas[36]...

Alle wundern sich über Yuka, die mit ihren 24 Jahren wie eine 15-jährige aussieht und auch sonst ganz ruhig ist.

„Was? Du schaust Horrorfilme?", fragt Giorgio.

---

[30] sich interessieren für + 4 = to be interested in = 〜に興味がある
[31] meinen zu + 3 = to think about / What is your opinion? = 〜についてどう思う
[32] abhängen von + 3 = to depend on = 〜による
[33] die Konjugation der Verben = the conjugation of verbs = 動詞の変化
[34] achten auf + 4 = to pay attention to = 〜に気を付ける／注意する
[35] erwidern = to reply = 言い返す／答える
[36] und sowas = (movies) of that sort = 〜など

„Ja, klar. Die müssen aber richtig gruselig[37] sein!"

„Also auf Horrorfilme kann ich verzichten[38]", meint Julio.

„Ich liebe alte Spielfilme aus Hollywood oder auch Italowestern."

„Und wie lange seht ihr so am Tag fern?", fragt Herr Müller.

„Das kommt[39] auf den Film an. Vielleicht 2 Stunden", antwortet Julio.

„Bei uns in Japan ist der Fernseher den ganzen Tag eingeschaltet[40]."

„Nein! Yuka, das glaube ich nicht! Auch beim Essen?", fragt Giorgio erstaunt.

„Klar, von morgens bis abends."

„Oh je, Horrorfilme beim Essen, nein danke!", sagt Julio.

---

[37] gruselig = scary = 不気味

[38] verzichten auf + 4 = to do without something = 要らない／放棄する

[39] ankommen auf + 4 = to depend on = ～による

[40] der Fernseher ist eingeschaltet = the tv is turned on = テレビがついている

In der nächsten Pause gehe ich unauffällig[41] zu Giorgio. „Du, Giorgio, hast du morgen Abend Zeit? Ich möchte dich zu einer Pizza einladen[42]." Giorgio wundert[43] sich über meine plötzliche Einladung und schaut mich fragend an. „Ich habe zwei Gutscheine bekommen", erkläre ich ihm. „Ach so, ja gern. Wann treffen wir uns?"

„Um acht vor dem Amalfi, okay?" „Ja, einverstanden."

Ich bin erleichtert[44], denn es wäre mir ziemlich peinlich gewesen, wenn Jeanice herausgefunden hätte, dass ich gelogen habe.

---

[41] unauffällig = without attracting attention =目立たないように
[42] einladen zu + 3 = to invite to = ～をごちそうする
[43] sich wundern über + 4 = to wonder about =～を 不思議に思う
[44] erleichtert = relieved = ほっとする

Es klingelt, und der Unterricht geht weiter. Wir diskutieren über den Internetkonsum von Grundschülern, aber ich kann mich nicht richtig auf das Thema konzentrieren[45], weil Jeanice immer wieder zu mir herüberschaut.

---

[45] sich konzentrieren auf + 4 = to focus on / to concentrate on =～に集中する

3

Mittagspause. Ich packe meine Sachen in die Tasche und überlege, welches Brötchen ich mir gleich beim Bäcker kaufe. Da steht plötzlich Jeanice neben mir. „Essen wir zusammen?", fragt sie mich.

„ Äh, …"

„Du wolltest[46] mir doch den Konjunktiv erklären!"

„Ach so, ja okay."

Wir gehen ins Bistro um die Ecke. Dort riecht[47] es lecker nach überbackenem Käse. Sie nimmt ein Club Sandwich, und ich esse eine Gemüselasagne, dazu trinken wir Kaffee.

„Also, wie geht das jetzt mit dem Konjunktiv?", fragt sie mich.

„Okay, wovon träumst[48] du? Ich meine, hast du einen unerfüllbaren[49] Wunsch?"

„Ja, ich bin zu klein, ich möchte größer sein!"

---

[46] du wolltest doch (du hast doch zugesagt/versprochen) = you said/promised = あなたは承諾した

[47] riechen nach + 3 = to smell of = ～の匂いがする

[48] träumen von + 3 = to dream of = ～の夢を見る

[49] unerfüllbar = unrealizable = 叶えられない

„Gut, dann kannst du sagen: Wäre ich doch nur 10 Zentimeter größer!

Deinen unerfüllbaren Wunsch kannst du im Konjunktiv ausdrücken. "

„Okay, das ist einfach, aber wie ist das mit dieser Irretat, oder wie das heißt?"

„Irrealität[50], heißt das."

„Irre …?"

„Ir- re – a – li - tät."

„Irrealität, okay jetzt habe ich es, was ist das?"

---

[50]die Irrealität = irreality =非現実話法

„Irrealität ist, wenn etwas nicht Wirklichkeit ist. Zum Beispiel: Wenn ich Geld hätte, würde ich eine Weltreise machen. Nebensatz und Hauptsatz stehen im Konjunktiv und sind irreal. Die Wirklichkeit ist leider so: Ich habe kein Geld, und deshalb mache ich auch keine Weltreise."

„Wenn ich Geld habe, mache ich eine Weltreise. Ist das auch richtig?"

„Ja, aber das ist kein Konjunktiv. Das ist ein normaler Bedingungssatz[51]."

„Aber wo ist der Unterschied?"

„Ohne Konjunktiv bedeutet der Satz, dass du Geld sparst und in 2 oder 3 Jahren genug Geld hast und dann eine Weltreise machst. Mit Konjunktiv bedeutet der Satz, dass du kein Geld hast und wahrscheinlich auch nicht so viel Geld sparen kannst. Der Satz: „Wenn ich Geld hätte, würde ich eine Weltreise machen", ist also nur eine Fantasie in deinem Kopf."

Jeanice beißt in ihr Club Sandwich und denkt nach.

„Gilt[52] das auch für die Vergangenheit?"

„Ja, wenn ich 16 und 17 nicht verwechselt hätte, wäre ich zur Party gekommen."

„Okay, Tim, ich glaube, ich habe es verstanden. Und wenn du gestern zur Party gekommen wärst, hätten wir zusammen tanzen können."

---

[51] der Bedingungssatz / -sätze = conditional clause = 条件文
[52] gelten = to apply =適用される

„Ja, richtig. Wenn ich gestern zur Party gekommen wäre, hätten wir zusammen tanzen können."

Jeanice nickt und lächelt mich dabei an.

Ich werde ein bisschen nervös und habe Angst, dass Jeanice jetzt zu viel im Konjunktiv weiterdenkt. Sie will wieder etwas sagen, aber ich komme[53] ihr zuvor. Ich weiß, dass jetzt der richtige Moment ist, ihr von meiner Freundin zu erzählen[54].

„Ja, und wenn ich keine Freundin gehabt hätte, hätte ich gern mit dir getanzt."

Jeanice schaut mich überrascht an und denkt lange nach. Zufrieden trinke ich einen Schluck von meinem Kaffee und freue mich, dass ich die Situation so elegant gelöst habe.

„Also, wenn du keine Freundin gehabt hättest? Das ist doch auch Vergangenheit und bedeutet, dass du eine Freundin hattest, aber jetzt keine Freundin hast. Richtig?"

Nun komme ich selber durcheinander[55] und merke, dass ich wohl einen Fehler gemacht habe.

„Und du hast gesagt, dass du gern mit mir getanzt hättest! Das war also dein Wunsch, der leider nicht erfüllt wurde!"

„Na ja, ich meine grammatikalisch vielleicht, aber ich, … ich meine … äh …"

In diesem Moment kommt Julio.

---

[53] zuvorkommen = to pre-empt = 先手を打つ
[54] erzählen von + 3 = to tell someone of sth. = ～について話す／知らせる
[55] durcheinanderkommen = to get confused = 混乱する

„Hallo, Jeanice! Hallo, Tim, wir müssen deine Party planen."

Jeanice trinkt ihren Kaffee aus und sagt: „Das müsst ihr alleine machen, ich muss jetzt noch etwas einkaufen, tschüss!" Sie steht auf, hängt ihre Tasche um die Schulter und legt ihre Hand sanft auf meinen Arm. „Vielleicht kann ich ja deinen Wunsch am Samstag erfüllen! Ich freue[56] mich schon darauf", flüstert [57]sie mir ins Ohr und geht. Ich will das Missverständnis aufklären[58], aber Julio setzt sich neben mich und fragt: „Wen sollen wir einladen?"

Ich bin ganz durcheinander. Dieser blöde Konjunktiv ist einfach zu kompliziert.

---

[56]sich freuen auf + 4 = to look forward to = (未来の事を)楽しみにしている
[57] flüstern = to whisper = ささやく
[58] ein Missverständnis aufklären = to clear up a misunderstanding =誤解を解く

28

4

„Hey, Amigo, du hörst mir ja gar nicht zu?"

„Doch, ich höre dir zu."

„Also, wen laden wir ein?"

„Natürlich laden wir alle ein."

„Sollen wir Herrn Müller auch einladen? Platz hast du doch genug!"

Meine Wohnung liegt im Dachgeschoss über der Wohnung von meiner Vermieterin. Früher hat dort ihr Sohn gewohnt, aber der studiert jetzt in Hamburg. Die meisten Sprachschüler haben hier nur ein kleines Zimmer.

„Herrn Müller ... ich weiß nicht. Glaubst du, er würde wirklich kommen?"

„Bestimmt würde er sich sehr über eine Einladung freuen[59], aber ob er kommt oder nicht, weiß ich auch nicht."

„Na ja, okay."

„Was hältst[60] du davon, seine Frau auch einzuladen?"

„Ja, gerne. Und wie machen wir das mit dem Essen?"

„Wir könnten alle etwas mitbringen."

„Ja, das wäre gut, alleine kann ich nicht so viel vorbereiten."

---

[59] sich freuen über + 4 = to be happy about sth. =～を 喜ぶ/嬉しい
[60] halten von + 3 = to think sth. of = ～をどう思う

„Kein Problem, ich spreche[61] mit den anderen. Jeder soll eine Spezialität aus seinem Land mitbringen. Dann haben wir eine bunte Auswahl an Speisen und Getränken."

„Gute Idee, brauchen wir sonst noch etwas?"

„Ja, Musik natürlich! Zu jeder guten Party gehört Musik.

Gestern haben alle getanzt. Das war super!"

„Tanzen?" Ich muss sofort an Jeanice denken, sie würde bestimmt versuchen, die ganze Zeit mit mir zu tanzen. „Nein, das geht nicht!"

„Was? Warum denn nicht?", fragt Julio verwundert.

„Äh, … meine Vermieterin, Frau Hansen ... also, die mag das nicht, wenn die Musik zu laut ist."

„ Ach, Quatsch, deine Vermieterin kann ja auch kommen!"

„Nein, Julio, das geht wirklich nicht. Ihr Mann hat sie vor drei Monaten verlassen, und sie leidet[62] noch immer stark unter der Trennung[63]. In letzter Zeit ist sie ziemlich schnell gereizt[64]. Und wenn wir Musik machen würden, würde sie sich sicher bei uns über den Lärm beschweren[65], und wir müssten die Party beenden."

„Und wenn wir nur leise und langsame Musik spielen?"

---

[61] sprechen mit + 3 = to talk to = ～と話す
[62] leiden unter + 3 = to suffer from =～に 苦しむ
[63] die Trennung = breakup / split up = 別れ
[64] gereizt = irritated / edgy = イライラする
[65] sich beschweren bei + 3 über + 4 = to complain to someone about = 苦情を言う

„Nein! Ich bestehe[66] darauf, dass wir keine Musik machen."

Julio schaut mich enttäuscht an.

„Außerdem glaube ich, dass es für Herrn Müller bestimmt besser ist, wenn wir nicht tanzen, meinst du nicht auch?"

„Na ja, kann sein", sagt Julio. „Aber was machen wir dann den ganzen Abend?"

„Essen und sprechen."

„Das ist aber nicht sehr lustig."

„Dann schlage ich vor, dass jeder Fotos von seiner Heimat mitbringt und etwas darüber erzählt[67]."

„Ja, das ist nicht schlecht. Das könnten wir machen."

---

[66] bestehen auf + 4 = to insist on = 主張する／絶対～だ
[67] erzählen über + 4 = to tell about = ～について話す

5

Am Nachmittag beginnen[68] wir den Unterricht mit einem Vokabeltest[69]. Dann lernen wir noch einmal den Konjunktiv, und alle staunen über [70] Jeanice, denn sie macht Beispielsätze, als ob sie in Deutschland aufgewachsen[71] wäre. Ich bin ziemlich stolz [72]auf sie.

Nach dem Unterricht will ich mit ihr sprechen[73], aber Herr Müller kommt zu mir. „Du, Tim. Julio hat mir von der Party am Sonntag erzählt[74]. Vielen Dank für die Einladung. Wir kommen gerne. Was sollen wir mitbringen?"

Ich sehe, wie Jeanice aus dem Klassenzimmer geht und mir dabei noch unauffällig zuzwinkert[75].

„Ach, nur eine typische Speise aus Deutschland und etwas zu trinken."

„Meine Frau kann einen Kartoffelsalat machen! Und wir bringen einen Kasten Bier mit."

„Einen Kasten?", frage ich und habe ein bisschen Angst, dass sich alle betrinken, und die Party dann etwas zu lang dauern könnte.

„Ich glaube, so viel brauchen wir doch gar nicht."

---

[68] beginnen mit + 3 = to start with = 〜から始まる
[69] der Vokabeltest = vocabulary test =単語のテスト
[70] staunen über + 4 = to marvel at / to be astonished = 〜に驚く
[71] aufwachsen = to grow up = 育つ
[72] stolz sein auf + 4 = to be proud of = 〜を誇りに思う
[73] sprechen mit + 3 = to talk to / to speak to = 〜と話す
[74] erzählen von + 3 = to tell someone of sth. = 〜について話す／知らせる
[75] zuzwinkern = to wink at = ウインクする／目配せする

„Nein, nein. Das ist okay. Du kannst den Rest ja später trinken oder zur nächsten Party mitnehmen."

„Danke, Herr Müller, also dann bis morgen", versuche ich das Gespräch zu beenden.

„Wann sollen wir denn kommen?", fragt Herr Müller weiter.

„Um 18 Uhr."

„Gut, um 18 Uhr und Julio hat gesagt, dass wir Fotos mitbringen sollen, richtig?"

„Ja, genau."

„Okay, sollen die Fotos alt sein?"

„Äh, … das ist eigentlich egal."

„Na ja, dann gehe ich heute Abend in den Keller. Da habe ich eine große Kiste mit alten Fotos."

„Gut, ich bin gespannt[76] auf Ihre Fotos."

„Ach, wo wohnst du eigentlich?"

„In der Goethestraße 8!"

„Ist das dort am Schwimmbad?"

„Ja!"

„ Gut. Also dann, bis morgen."

„Bis morgen!"

---

[76] gespannt sein auf + 4 = to eagerly look forward to= ワクワクする/興味津々

Schnell gehe ich die Treppen hinunter und laufe zur Haltestelle. Als ich ankomme, sehe ich von weitem, wie Jeanice in die Bahn steigt, und die Türen zugehen. Die Bahn fährt ab. Ich setze mich auf die Bank und ärgere[77] mich über Herrn Müller. Okay, dann spreche ich eben morgen mit Jeanice.

---

[77] sich ärgern über + 4 = to get angry about sth. = 〜に対して苛立つ

6

Zu Hause erhole[78] ich mich bei einem Bier von diesem anstrengenden Tag. Jeanice hat mich ganz schön durcheinander gebracht, aber morgen werde ich die Sache aufklären[79]. Ich schalte den Fernseher ein und sehe eine Quizsendung. Später telefoniere[80] ich mit meiner Freundin. Sie arbeitet als Bankkauffrau in einer großen Bank. In diesem Monat nimmt[81] sie an einem Seminar teil.

„Hallo, wie war dein Tag?"

„Super, das Seminar ist total interessant. Heute haben wir alles über Kredite gelernt. Stell dir vor, bei den heutigen Zinsen kannst du ganz einfach ein Haus kaufen und abbezahlen. Du brauchst nur ein wenig Kapital."

„Ja, wenn wir Geld hätten, könnten wir das machen. Sag mal, wie sind denn so die anderen Seminarteilnehmer?"

„Es geht, ein paar lustige Frauen und viele langweilige Männer. Am Samstagabend gehen wir nach dem Unterricht alle zusammen essen. Und wie läuft[82] es bei dir?"

„Auch gut, aber Deutsch ist ziemlich schwer, wir lernen gerade den Konjunktiv. Am Sonntag machen wir bei mir eine Party."

„Bei dir?"

---

[78] sich erholen von + 3 = to recover from = 休養して元気を取り戻す
[79] aufklären = to clarify sth. = ハッキリさせる／明白にする
[80] telefonieren mit + 3 = to talk to someone on the phone = ～と電話で話す
[81] teilnehmen an + 3 = to participate in = ～に参加する
[82] Wie läuft es? = How is it going? How are things? = そっちはどう？

„Ja, Julio hat mich dazu überredet[83]."

„Julio?"

„Ja, du weißt doch, der Spanier."

„Ach, der ... Übrigens, wir waren gestern in der Zentralbank."

„Echt? Und wie war das?"

„Super! Wir konnten uns dort alles anschauen. Wir sind auch in den Tresorräumen[84] gewesen ..."

Sie berichtet [85] mir noch etwa zehn Minuten über ihren Besuch in der Zentralbank, dann sagt sie plötzlich: „Also, ich muss jetzt noch zu Abend essen, ich rufe dich am Samstag nach dem Unterricht wieder an."

„Ja, gut, viel Spaß noch!"

„Danke, dir auch!"

Nach dem Gespräch fühle ich mich ein bisschen einsam. Ich mache den Fernseher wieder an, aber die Quizsendung ist vorbei, und jetzt läuft eine Talkshow. In der Talkshow geht[86] es um den Bau des Berliner Flughafens. Ich verstehe aber nicht viel und schalte den Fernseher frustriert aus. In so einer Situation zweifle [87] ich immer an meinen Deutschkenntnissen. Ich habe das Gefühl, dass mein Deutsch einfach nicht besser wird. Aber ich will nicht zu den

---

[83] jemanden zu +3 überreden = to talk so. into sth. = 説得する (Julio に説得された)
[84] der Tresorraum / die Tresorräume = the vault = 貸金庫室
[85] berichten über + 4 = to report / to cover sth. = ～について報告する
[86] es geht um + 4 = it´s about = ～の話題だ
[87] zweifeln an + 3 = to have doubts about so./sth. = ～を 疑う

Leuten gehören[88], die zu schnell aufgeben[89]. Also nehme ich mein Grammatikbuch und setze mich aufs Sofa.

Um halb zwei wache ich auf, weil mir kalt ist. Ich lege das Grammatikbuch auf den Tisch und gehe ins Bett.

---

[88] gehören zu +3 = to belong to = ～に属する
[89] aufgeben = to give up = 諦める

7

Am Freitag diskutieren [90] wir im Sprachkurs über das Rauchen. Jeanice ist nicht da. Später höre ich von Julio, dass sie mit einem der Kinder ihrer Gastfamilie zum Arzt gehen musste. Ich überlege, ob ich eine SMS an sie schicke[91]. Aber, was soll ich ihr denn schreiben? Achtung! Ich habe eine Freundin!? Nein, das ist wirklich zu blöd. Vielleicht will [92]sie ja gar nichts von mir, und ich habe mir das alles nur eingebildet[93]. Am besten kläre ich das morgen mit ihr.

Am Abend stehe ich vor dem Amalfi und warte[94] auf Giorgio.

„Hallo, Tim!"

„Hallo, Giorgio, alles klar?"

„Ja, wartest du schon lange auf mich?"

„Nein, nur ein paar Minuten."

Wir gehen hinein und bestellen zwei Pizzen und zwei Gläser Bier.

Dann reden[95] wir über unseren Deutschkurs, Herrn Müller und das Leben in Deutschland.

---

[90] diskutieren über + 4 = to discuss sth. =〜について 討論する
[91] schicken an +4 = send to =〜に 送る
[92] etwas von jemandem wollen = want sth. from someone =（誰かに何かを）望む
[93] sich etwas einbilden = imagine something = 勝手に思い込む
[94] warten auf + 4 = to wait for = 〜を待つ
[95] reden über + 4 = to talk about = 〜について語る、話す

„Sag mal, was hältst[96] du eigentlich von Jeanice?", fragt mich Giorgio plötzlich.

„Von Jeanice?"

„Ja, ich glaube sie interessiert[97] sich für dich. Mir ist aufgefallen[98], dass sie immer zu dir hinüberschaut."

„Wirklich?", tue[99] ich überrascht.

„Ja, echt! Da läuft doch etwas zwischen euch?"

„Nein, gar nichts."

„Aber du hättest gerne, dass da was läuft, oder?"

„Quatsch, ich finde sie nur sympathisch."

„Nur sympathisch? Also ich finde sie toll.

An deiner Stelle würde ich da nichts anbrennen[100] lassen."

Ich schaue Giorgio verunsichert[101] an.

„Also, wenn sie in mich verliebt[102] wäre …", spricht Giorgio weiter.

„Würdest du bitte sofort mit dem Unsinn aufhören[103]? Sie ist nicht in mich verliebt."

---

[96] halten von + 3 = to think sth. of = ～をどう思う
[97] sich interessieren für + 4 = to be interested in = ～に関心がある
[98] auffallen = to attract attention = ～のように見える、気がつく
[99] überrascht tun = to pretend to be surprised =驚いてみせる
[100] nichts anbrennen lassen = to not miss out on anything = チャンスを逃さない
[101] verunsichert = unsure, uncertain = 動揺して
[102] verliebt sein in + 4 = to be in love with = 恋する
[103] aufhören mit + 3 = to stop sth. = ～をやめる

„Woher willst du das wissen?"

„Das weiß ich, außerdem habe ich eine Freundin in London."

„Echt? Du in Deutschland und sie in England? Glaubst[104] du etwa an Treue[105]?" Giorgio schaut mich skeptisch an.

„Ja!"

„Na ja , wenn du meinst. Schade, ich glaube, sie würde gut zu dir passen[106]."

Ich trinke einen großen Schluck aus meinem Glas, und um das Thema zu wechseln, frage [107]ich Giorgio nach seiner Familie.

„Sag mal, hast du eigentlich Geschwister?"

„Ja, einen Bruder und eine Schwester."

„Versteht[108] ihr euch gut?"

„Mein Bruder ist leider ein bisschen chaotisch, aber auf meine Schwester kann ich mich verlassen[109]. Wenn ich ein Problem habe, ist sie immer für mich da. Ich erinnere [110]mich oft an eine Situation, als wir noch sehr klein waren. Mein Bruder …"

---

[104] glauben an + 4 = to believe in = ～を 信じる
[105] die Treue = the faithfulness =忠誠
[106] passen zu + 3 = to match = お似合い
[107] fragen nach + 3 = to ask for sth. = ～について尋ねる
[108] sich gut verstehen = to get along well = よく理解し合っている
[109] sich verlassen auf + 4 = to rely on = ～に頼る
[110] sich erinnern an + 4 = to remember sth. = ～を覚えている

Plötzlich klingelt sein Handy. Es ist eine Frau. Er spricht[111] ein paar Minuten mit ihr, und dann legt er auf.

„Tut mir leid Tim, ich muss jetzt gehen!"

Dann zieht er seine Jacke an, bedankt[112] sich bei mir und geht.

Ich trinke in Ruhe mein Bier aus und denke[113] noch einmal über Giorgios Worte nach. Langsam sorge[114] ich mich doch um mein Treffen mit Jeanice. Wenn es Giorgio auch schon aufgefallen ist, dass sie mich immer anschaut, ist sie vielleicht wirklich in mich verliebt. Hätte ich mich bloß nicht mit ihr verabredet[115]! Am besten sage[116] ich ihr ab. Aber das

---

[111] sprechen mit + 3 = to talk to = 〜と話す
[112] sich bedanken bei + 3 = to thank someone = 〜に礼を言う
[113] nachdenken über + 4 = to think about = 〜についてじっくり考える
[114] sich sorgen um + 4 = to worry about sth. =〜に 不安になる
[115] sich verabreden mit + 3 = to arrange to meet with someone = 会う約束をする
[116] absagen = to cancel = 取り消す、断る

ist auch keine Lösung. Sie würde bestimmt versuchen, eine neue Verabredung zu machen. Ich muss ihr einfach morgen als Erstes von meiner Freundin erzählen[117], damit ich nicht in Schwierigkeiten gerate[118].

---

[117] erzählen von + 3 = to tell someone of sth. = 〜について話す／知らせる
[118] geraten in + 4 = to get into sth. = 〜に陥る

8

Am Samstag bin ich den ganzen Tag nervös. Im Supermarkt fällt mir ein Joghurt auf den Boden, und die Verkäuferin ärgert[119] sich über mich. Obwohl ich mich mehrmals bei ihr für die Sauerei entschuldige[120], meckert[121] sie weiter. Ich versuche ihr zu helfen, aber stoße mit meinem Rucksack ein Regal mit Sonderangeboten um. Jetzt regt[122] sie sich so richtig über mich auf und bekommt einen hochroten Kopf. Ich stelle das Regal wieder hin, aber sie sagt, dass ich nichts mehr anfassen soll, weil sie sonst wirklich böse wird.

An ihrem Blick erkenne[123] ich, dass sie es ernst[124] meint. Ich entschuldige mich noch einmal und gehe mit meinen Waren zur Kasse. Nachdem die Kassiererin alles eingescannt hat, suche[125] ich nach meiner Geldbörse und merke, dass ich sie vergessen habe. Deshalb bitte[126] ich die Kassiererin darum, die Sachen auf die Seite zu stellen und verspreche ihr, dass ich in fünf Minuten wieder da bin. Sie schaut mich streng an und sagt, dass ich aber wirklich wiederkommen soll.

---

[119] sich ärgern über + 4 = to get angry about sth. = 〜に 怒る

[120] sich entschuldigen bei + 3 für + 4 = to apologize to someone for sth. = 謝る

[121] meckern = to beef/ to gripe = 文句を言う

[122] sich aufregen über + 4 = to get excited about = 〜に憤慨する

[123] erkennen an + 3 = to recognize sth./someone by = わかる、識別する

[124] es ernst meinen = to be serious about = 本気

[125] suchen nach + 3 = to look for sth. = 〜を探す

[126] bitten um + 4 = to ask for =〜を お願いする

Zu Hause zerbreche ich beim Abtrocknen auch noch ein Glas und schneide mir mit den Scherben in den Finger.

Ich habe ein bisschen Angst[127] davor, dass mich meine Freundin heute Abend anruft, wenn ich mit Jeanice in der Stadt bin. Deshalb versuche ich sie den ganzen Nachmittag zu erreichen, aber sie antwortet nicht. Wahrscheinlich ist sie noch im Unterricht. Ich spreche ihr auf den Anrufbeantworter, dass ich heute mit einem Freund ausgehe. Sie soll mich morgen Vormittag anrufen, weil abends die Party ist, und ich mich am Nachmittag noch um die Vorbereitung kümmern[128] muss. Nachdem ich aufgelegt habe, ärgere ich mich über meine Unehrlichkeit [129]. Andererseits konnte ich ihr auch nicht auf den Anrufbeantworter sprechen, dass ich mich mit einem anderen Mädchen treffe[130]. Ich habe keine Ahnung, wie sie

---

[127]Angst haben vor +3 = to be afraid of sth. = 〜を心配する
[128]sich kümmern um + 4 = to take care of = 〜に気を配る
[129] die Unehrlichkeit = dishonesty = 不正直
[130] sich treffen mit + 3 = to meet with = 〜と会う、デートする

darauf reagieren[131] würde.

Wenig später fahre ich mit der U-Bahn in die Altstadt. Am Rathausplatz treffe ich Jeanice. Sie hat sich hübsch zurechtgemacht[132]und sieht umwerfend[133] aus. Wir gehen in eine Kneipe und bestellen zwei Bier. Zuerst unterhalten[134] wir uns über ihre Gastfamilie. Dann lenke [135] ich das Gespräch auf unsere Heimatländer.

„Gefällt es dir in Deutschland?"

„Ja, es ist echt super, nur das Wetter ist bei uns in Südfrankreich viel besser."

„Sehnst[136] du dich manchmal nach deiner Heimat?"

„Sehen? Wie meinst du das?"

„Nein, ich meine sehnen, also hast du manchmal Heimweh?"

„Ach so, Heimweh. Nein, eigentlich nicht, ich habe mich schon an das Leben in Deutschland gewöhnt[137]. Und du?"

„Na ja, Heimweh habe ich nicht, aber ich vermisse[138] meine Freundin. Ich muss oft an sie denken[139]."

---

131 reagieren auf + 4 = to respond / to react =～に 反応する
132 sich zurechtmachen = to dress up = おめかしする
133 umwerfend = gorgeous = ゴージャス
134 sich unterhalten über + 4 = to talk about sth. =～について 語り合う
135 das Gespräch auf etwas lenken =to steer the conversation round to sth =話題を ～の方向に向ける
136 sich sehnen nach + 3 = to yearn for =～が 恋しい、渇望する
137 sich gewöhnen an + 4 = to get used to =～に 慣れる
138 vermissen = to miss = 恋しい
139 denken an + 4 = to think of = ～の事を考える

Jeanice schaut mich ruhig an: „Wie lange seid ihr zusammen?"

„Ein halbes Jahr."

„Ein halbes Jahr", wiederholt Jeanice und nickt.

Jetzt kommt mir der Gedanke, dass Jeanice ja vielleicht auch einen Freund haben könnte und frage: „Hast du einen Freund in Frankreich?"

„Nein", antwortet sie, und ihr Gesichtsausdruck bekommt etwas Ärgerliches.

„Wollt ihr heiraten?"

„Äh … na ja, wir kennen uns ja noch nicht so lange, darüber haben wir noch nicht gesprochen[140], aber das ist schon möglich."

Jeanice nickt.

Wir schweigen[141] eine kurze Zeit, und ich denke darüber nach, ob ich meine Freundin heiraten möchte oder nicht.

Plötzlich sagt Jeanice: „Komm, wir gehen ans Flussufer, heute ist es so schön warm."

Ich bin erleichtert[142], dass ich die Sache endlich geklärt habe, und dass Jeanice mir nicht böse ist. Wir kaufen eine Kleinigkeit zu essen und zwei Flaschen Bier. Dann setzen wir uns auf eine Bank am Ufer. Die Sonne geht unter und

---

[140] sprechen über + 4 = to talk about = 〜について話し合う
[141] schweigen = to keep silent = 沈黙する
[142] erleichtert = relieved = 気が楽になる

glitzert[143] auf dem Wasser. Es ist wirklich ein wunderbarer Abend, und wir verstehen uns richtig gut. Ich glaube, wir können gute Freunde werden.

---

[143] glitzern = to glitter = キラキラ光る

9

Am Sonntag um halb sechs kommen Julio, Giorgio und Yuka.

Sie helfen[144] mir noch bei den Vorbereitungen. In der Küche schieben wir den Küchentisch an die Wand, damit wir später die Speisen darauf stellen können, die Küchenstühle bringen wir ins Wohnzimmer. „Hast du noch mehr Stühle?", fragt mich Julio.

„Nein, mehr habe ich leider nicht."

„Die reichen nicht. Hm, dann gehe ich mal zu deiner Vermieterin und bitte[145] sie um ein paar Stühle."

Nach und nach kommen die anderen Gäste und schließlich auch Herr Müller mit seiner Frau. Jeder hat Speisen aus seiner Heimat mitgebracht, und Yuka hat von allen Ländern eine kleine Fahne gemacht und vor die Speisen gestellt. Jetzt kommt auch endlich Julio zurück. Er hat vier Klappstühle[146] unterm Arm und ein breites Grinsen[147]im Gesicht. Direkt hinter ihm kommt Frau Hansen mit zwei weiteren Klappstühlen. Als sie mich sieht, grüßt sie mich freundlich. „Hallo, Tim, dein Freund Julio hat mich zu eurer Party eingeladen[148]. Ich hoffe, es ist dir recht. Julio ist ja so ein netter Mann."

---

144 helfen bei + 3 = to help with = 〜を手伝う
145 bitten um + 4 = to ask for = 〜を頼む
146 der Klappstuhl = the folding chair = 折り畳み椅子
147 das Grinsen = the grin = ニヤリと笑う
148 einladen zu + 3 = to invite to =〜に 招待する

„Ja, natürlich, Frau Hansen, ich freue [149]mich sehr darüber, dass Sie hier sind." Julio führt Frau Hansen schnell in die Küche. „Señora, schauen Sie nur diese leckeren Speisen aus der ganzen Welt. Was darf ich Ihnen servieren? Tapas aus Spanien, Sushi aus Japan, oder vielleicht Quiche Lorraine aus Frankreich?" Frau Hansen quiekt [150] vergnügt und entscheidet [151] sich natürlich für die Tapas. Ich staune [152] immer wieder über Julio. Er weiß wirklich, wie man mit Frauen umgeht[153]. Nachdem wir alle etwas gegessen haben, zeigt jeder seine Fotos und gibt ein paar Erklärungen dazu. Besonders die Fotos von Herrn Müller und von Julio sind interessant, da sie auf den Fotos noch viel jünger sind als jetzt. Gegen neun ist die Stimmung ziemlich gut, und ich höre immer wieder Julio und Frau Hansen laut lachen. Giorgio spricht auffällig viel mit Jeanice, und irgendwie nervt[154] mich das. Ich gehe zu Yuka, die gerade die leeren Schüsseln wegräumt und die Speisen am Buffet neu arrangiert[155].

„Danke, Yuka, man merkt, dass du im Hotel arbeitest."

„Na ja, es macht mir einfach Spaß, wenn das Buffet schön aussieht." Mit einer geschickten[156] Handbewegung streicht[157] sie die Tischdecke glatt.

---

[149] sich freuen über + 4 = to be happy about sth. =〜を 喜ぶ/嬉しい
[150] vergnügt quieken = to squeal with joy = 楽しそうに声を上げる
[151] sich entscheiden für + 4 = to decide in favour of = 〜に決める
[152] staunen über + 4 = to marvel at =〜に 感嘆する
[153] umgehen mit + 3 = to deal with / to handle = 〜を扱う
[154] nerven = to annoy = イライラする
[155] arrangieren = to arrange = 配置する
[156] geschickt = cleverly / skillfully = 器用な
[157] glattstreichen = to smooth = しわを伸ばす

„Sag mal, wie findest du eigentlich Giorgio?", frage ich sie.

„Giorgio, na ja. Der gibt [158] sein ganzes Geld nur für Kleidung aus und tut so, als wäre er unwiderstehlich[159]. Ich halte[160] ihn für einen Playboy. Bei mir hat er es auch schon versucht, aber mit solchen Typen will ich nichts zu tun[161] haben." Plötzlich sehe ich, wie Julio und Frau Hansen gemeinsam die Wohnung verlassen. Ich weiß nicht, was da los ist und hoffe nur, dass Julio keine Dummheiten[162] macht. Beide haben sicher schon viel getrunken.

Es dauert aber nur ein paar Minuten, und Julio kommt

---

[158] ausgeben = to spend = （お金を）使う
[159] unwiderstehlich = irresistible = 抵抗しがたい（魅力があるように振る舞っている）
[160] halten für + 4 = to think so./sth. is = ～とみなす
[161] zu tun haben mit + 3 = to have to do with = ～に関わる
[162] Dummheiten machen = to do something stupid = 愚かな事をする

triumphierend[163] mit einem großen CD-Spieler zurück. Frau Hansen hat einen Karton mit CDs in der Hand und tänzelt[164] hinter Julio her. Damit hatte ich wirklich nicht gerechnet[165]. Eigentlich wollte ich nicht, dass wir tanzen, aber jetzt ist es mir egal. Mit Jeanice habe ich ja gesprochen und alles geklärt, und die Ausrede mit Frau Hansen zieht[166] jetzt sowieso nicht mehr. Julio stellt den CD Spieler auf den Couchtisch im Wohnzimmer, legt eine CD ein und fordert [167]Frau Hansen übertrieben[168] höflich zum Tanzen auf. Die anderen applaudieren[169], und sogar Herr und Frau Müller tanzen mit. Ich weiß, dass Yuka nicht gerne tanzt und unterhalte mich weiter mit ihr über ihre Arbeit. Dabei beobachte ich Jeanice und Giorgio, die natürlich auch tanzen. Ich hoffe, dass sie nicht auf ihn reinfällt[170] und überlege, ob ich sie vor ihm warnen[171] soll. Da klingelt mein Handy. Es ist meine Freundin. Erst jetzt fällt mir auf, dass sie noch gar nicht auf meine Nachricht geantwortet[172] hat. Weil es so laut ist, sage ich ihr, dass ich später zurückrufen werde. Aber sie meint, dass es wichtig ist. Also gehe ich nach draußen auf den Balkon.

„Es tut mir leid, Tim, aber es ist aus."

„Aus? Wie meinst du das?"

---

[163] triumphierend = triumphantly = 勝ち誇ったように
[164] tänzeln = to dance while walking = 踊るように歩く
[165] rechnen mit + 3 = to expect = ～を予期する
[166] das zieht nicht = that´s no argument = 通用しない
[167] auffordern zu + 3 = to invite someone to do sth. = ～を申し込む
[168] übertrieben höflich = overly polite = 大げさに礼儀正しく
[169] applaudieren = to applaud = 拍手喝采する
[170] reinfallen auf + 4 = to fall for = ～にひっかかる
[171] warnen vor + 3 = to warn of =～について 警告する
[172] antworten auf + 4 = to reply to (my message) = ～に答える

„Es ist aus, ich mache mit dir Schluss[173]."

„Ja, aber warum denn?"

„Es tut mir leid, Tim, aber ich habe über uns nachgedacht. Wir passen nicht zusammen."

„Ja, aber ..."

„Und ich ... na ja, ich ... ich habe auf dem Seminar jemanden kennengelernt."

Ich bin fassungslos[174] und weiß nicht, was ich sagen soll.

„Tim, ich wünsche dir alles Gute in Deutschland und viel Glück!"

Dann legt sie auf.

Ziemlich geschockt setze ich mich auf den Liegestuhl. Für ein paar Minuten sitze ich einfach so da und kämpfe[175] gegen den Schmerz. Habe ich mich so in ihr geirrt[176]? Wie konnte ihr das passieren? Habe ich zu oft mit ihr gestritten[177]? Waren wir zu verschieden? Und warum hat sie sich für einen anderen Mann entschieden[178]? Alle diese Fragen und noch mehr schwirren[179] in meinem Kopf umher, und ich finde keine einzige Antwort. Nach einer Weile beschließe ich, wieder hineinzugehen. Ich versuche, mir

---

[173] Schluss machen mit 3 = to put an end to (a relationship) = 関係を終わらせる
[174] fassungslos = stunned = あっけにとられる
[175] kämpfen gegen + 4 = to fight / to battle = ～をこらえる
[176] sich irren in + 3 = to be wrong about = (～に対して) 思い違いをする
[177] streiten mit + 3 = to argue with = ～と けんかする
[178] sich entscheiden für + 4 = to decide for = ～を 選ぶ
[179] umherschwirren = whirling about = あちこちに飛び交う

nichts anmerken [180] zu lassen. Einige Gäste sind schon gegangen. Julio und Frau Hansen tanzen einen langsamen Blues. Giorgio und Jeanice sitzen auf dem Sofa und sind in ein Gespräch[181] vertieft. Herr und Frau Müller wollen gehen und bedanken[182] sich bei mir für den schönen Abend. Ich bringe sie zur Tür. Dann gehe ich in die Küche, um mir ein Bier zu holen. Als ich den Kühlschrank schließe und mich herumdrehe, steht Jeanice mit ihrem schönsten Lächeln vor mir und fragt: „Hättest du Lust, mit mir zu tanzen?"

Ende

---

[180] sich (3) nichts anmerken lassen = to carry it off well = 気づかれないようにする
[181] in ein Gespräch vertieft sein = to be deep in conversation = 会話に没頭する
[182] sich bedanken bei + 3 für 4 = to thank someone for = 礼を言う

Hier endet die Geschichte.

Was passiert danach?

Tanzt Tim mit Jeanice? Werden sie vielleicht ein Paar? Fliegt Tim zu seiner Freundin nach London?

Schwirren diese Fragen auch in deinem Kopf umher?

Möchtest du lesen, wie die Geschichte weitergehen könnte?

Einige meiner Schüler und Leser haben Fortsetzungen geschrieben. Du findest sie im Mitgliederbereich:

www.easygermangrammarstories.de

Und hier sind deine Zugangsdaten:

User: Gast
Passwort: eggs2015

Teil 2

Konjunktiv 2

Es gibt den Konjunktiv 1 und den Konjunktiv 2. Der Konjunktiv 1 wird hauptsächlich zum Referieren (berichten, was eine andere Person gesagt hat) gebraucht. Wir lernen hier nur den Konjunktiv 2.

Sätze im Konjunktiv 2 drücken Nichtwirkliches (Irrealität) aus. Der Sprecher stellt sich etwas vor, was nicht Wirklichkeit ist, also irreal ist.

Indikativ = real, wirklich (Ich gehe ins Kino.)

Konjunktiv 2 = irreal, nicht wirklich, Fantasie, Vorstellung, Traum (Ich würde ins Kino gehen.)

Beispiele:

Wenn er jung wäre, würde er schneller rennen.   Bedeutung: Er ist alt, und er rennt langsam.

Wenn sie Geld hätte, wäre sie glücklich.   Bedeutung: Sie hat kein Geld, und sie ist nicht glücklich.

Wenn ich Zeit hätte, würde ich ins Kino gehen.

Bedeutung: Ich habe keine Zeit, und ich gehe nicht ins Kino.

Verbformen

	Gegenwart Indikativ:	Präteritum Indikativ:	Gegenwart Konjunktiv 2:	
ich	bin	war	wäre	
du	bist	warst	wärst	
er, sie, es	ist	war	wäre	
wir	sind	waren	wären	
ihr	seid	wart	wärt	
sie/Sie	sind	waren	wären	
ich	habe	hatte	hätte	
du	hast	hattest	hättest	
er, sie, es	hat	hatte	hätte	
wir	haben	hatten	hätten	
ihr	habt	hattet	hättet	
sie/Sie	haben	hatten	hätten	
ich	gehe	den	würde	gehen
du	gehst	Konjunktiv	würdest	gehen
er, sie, es	geht	bilden	würde	gehen
wir	gehen	wir	würden	gehen
ihr	geht	mit	würdet	gehen
sie/Sie	gehen	würde	würden	gehen
ich	kann	konnte	könnte	
du	kannst	konntest	könntest	
er, sie, es	kann	konnte	könnte	
wir	können	konnten	könnten	
ihr	könnt	konntet	könntet	
sie/Sie	können	konnten	könnten	

Konjunktiv 2 der Gegenwart

Bei den meisten Verben bilden wir den Konjunktiv 2 mit:

würden+Infinitiv = An deiner Stelle _würde ich ins Kino gehen._

(Es gibt auch eine alte, originale Konjunktiv 2-Form, aber sie wird nur noch selten benutzt.)

Bei den Verben:

haben, sein, können, dürfen, müssen, sollen, wollen

benutzen wir die originale Konjunktiv 2-Form.

Sie ist ähnlich wie die **Präteritum-Form**. Die Vokale haben meistens einen Umlaut.

I=Indikativ **G**=Gegenwart **Pr**=Präteritum **K**=Konjunktiv 2

IG: Ich _habe_ ein Auto.

IPr: Ich _hatte_ ein Auto.

KG: Wenn ich ein Auto _hätte_, _würde_ ich mit dem Auto _fahren._

IG: Ich _bin_ jung.

IPr: Ich _war_ jung.

KG: Wenn ich jung _wäre_, _wäre_ ich glücklich.

IG: Ich *kann* gut *sehen.*

IPr: Ich *konnte* gut *sehen.*

K2: Wenn ich gut *sehen könnte, könnte* ich Auto *fahren.*

IG: Er *muss arbeiten.*

IPr: Er *musste arbeiten.*

KG: Wenn er *arbeiten müsste, müsste* er ins Büro *gehen.*

IG: Er *darf* Auto *fahren.*

IPr: Er *durfte* Auto *fahren.*

KG: Wenn er Auto *fahren dürfte, müsste* er nicht *laufen.*

Achtung: *wollen* und *sollen* - ohne Umlaut!

Indikativ Präteritum = Konjunktiv 2

Die Bedeutung kann man nur aus dem Zusammenhang verstehen.

IG: Er *soll* mehr Sport *machen.*

IPr: Er *sollte* mehr Sport *machen,* als er zu dick war.

KG: Wenn er Sport *machen sollte, würde* er Tennis *spielen.*

IG: Er *will lesen.*

IPr: Er *wollte lesen,* als er Zeit hatte.

KG: Wenn er *lesen wollte, würde* er ein Buch *kaufen.*

Konjunktiv 2 der Vergangenheit

Wir bilden den Konjunktiv 2 der Vergangenheit wie das **Perfekt**:

haben / sein + Partizip 2

<u>Aber</u> anstelle von **haben** benutzen wir **hätten**.
Und anstelle von **sein** benutzen wir **wären**.

Pe= Perfekt **K**=Konjunktiv 2 **V**=Vergangenheit

Pe: Ich *habe* Geld *gehabt*. Ich *habe* ein Haus *gekauft*.

KV: Wenn ich Geld *gehabt* **hätte**, **hätte** ich ein Haus *gekauft*.

Pe: Ich *bin* in Köln *gewesen*. Ich *bin* ins Kino *gegangen*.

KV: Wenn ich in Köln *gewesen* **wäre**, **wäre** ich ins Kino *gegangen*.

 **Achtung!**

Bei den Modalverben (können, müssen, dürfen, sollen und wollen) benutzen wir im <u>Indikativ</u> in der Vergangenheit meistens das Präteritum:

Präteritum: Ich *konnte* den Fernseher *kaufen*.

Wenn wir das Perfekt benutzen, **muss** das **Modalverb im Infinitiv** stehen:

Perfekt: Ich *habe* den Fernseher *kaufen* **können**.

So auch im Konjunktiv 2 der Vergangenheit:

> Wenn ich Geld *gehabt **hätte, hätte*** ich den Fernseher *kaufen* **_können_**.

 Achtung! Es wird kompliziert! (Sprachniveau B1/B2)

Bei **drei Verben in einem Nebensatz** wird das konjugierte* Verb (ich *hätte*) vor die beiden Verben im Infinitiv gesetzt.

> **Pe**: Er *hat* ein Auto *kaufen können*.
>
>
>
> **KV**: Wenn er ein Auto *hätte* * *kaufen können* (hätte), *hätte* er einen BMW *gekauft*.

> **Pe**: Sie *hat arbeiten müssen*.
>
> **KV**: Wenn sie *hätte arbeiten müssen*, *hätte* sie ins Büro *gehen müssen*.

> **Pe**: Er *hat rauchen dürfen*.
>
> **KV**: Wenn er *hätte rauchen dürfen*, *hätte* er eine Zigarette *geraucht*.

> **Pe**: Sie *hat aufräumen sollen*.
>
> **KV**: Wenn sie **hätte** *aufräumen sollen*, *hätte* sie nicht ins Kino *gehen können*.

> **Pe**: Er *hat lesen wollen*.
>
> **KV**: Wenn er *hätte lesen wollen*, *hätte* er ein Buch *gekauft*.

So benutzen wir den Konjunktiv 2

1a. Irrealer Bedingungssatz

Bei einem Bedingungssatz steht die Bedingung im Nebensatz mit *wenn*, und die Folge steht im Hauptsatz.

Im **realen** Bedingungssatz benutzen wir den Indikativ.

> Bedingung......................, Folge.............................
>
> Wenn morgen die Sonne scheint, macht Tim einen Ausflug.

Situation:

Tim entscheidet morgen, ob er einen Ausflug macht.

Scheint die Sonne, macht er einen Ausflug.

Scheint die Sonne nicht, macht er keinen Ausflug.

Im **irrealen** Bedingungssatz benutzen wir den Konjunktiv 2.

Wenn die Sonne scheinen würde, würde Tim einen Ausflug machen.

Situation:

Die Sonne scheint nicht, also macht Tim keinen Ausflug.

Aber wir stellen uns vor, dass die Sonne scheint, und Tim einen Ausflug macht.

Weil wir uns die Situation nur vorstellen, sind Bedingung und Folge irreal. Deshalb müssen wir im Nebensatz und im Hauptsatz den Konjunktiv 2 benutzen.

Weitere Beispiele:

Wenn ich Geld hätte, würde ich ein Haus kaufen.

Die Bedingung (*Wenn ich Geld hätte*) ist irreal, und somit ist die Folge (*würde ich ein Haus kaufen*) auch irreal.

Traum:

Wenn ich Geld hätte, würde ich ein Haus kaufen.

Wirklichkeit:

Ich habe kein Geld, und ich kaufe kein Haus.

Wenn ich morgen frei hätte, könnten wir an den See fahren.

Aber ich habe morgen nicht frei, und wir können nicht an den See fahren.

Wenn ich gestern auf der Party gewesen wäre, hätte ich mit Jeanice getanzt.

Aber ich war nicht auf der Party, und ich habe auch nicht mit Jeanice getanzt.

1b. Versteckter irrealer Bedingungssatz

Nicht immer kann man den irrealen Bedingungssatz sofort erkennen. Manchmal ist die Bedingung (wenn …) „versteckt" und wird im Indikativ ausgedrückt, und nur die Folge steht im Konjunktiv 2.

Beispiel 1:

> „Und wir bringen einen Kasten Bier mit."
>
> „Einen Kasten?", frage ich und habe ein bisschen Angst, *dass die Party dann etwas zu lange dauern könnte.*
>
> Der Bedingungssatz lautet:
>
> *Wenn er einen Kasten Bier mitbringen würde, könnte die Party etwas zu lange dauern.*

Beispiel 2:

> *An deiner Stelle würde ich das nicht machen.*
>
> Der Bedingungssatz lautet:
>
> *Wenn ich an deiner Stelle wäre, würde ich das nicht machen.*

2. Irrealer Wunsch

Irreale Wünsche sind normalerweise nicht erfüllbar.

Bei irrealen Wünschen steht das Verb am Anfang.

Wir benutzen immer die Wörter: bloß, doch, doch nur, nur.

Am Ende steht ein Ausrufezeichen.

Wäre ich nur ein guter Sänger!

Das ist mein Wunsch, aber ich weiß, dass mein Wunsch irreal ist, weil ich unmusikalisch bin.

Irreale Wünsche in der Vergangenheit drücken Reue aus.

Hätte ich bloß nicht dieses Haus gekauft!

Dieser Wunsch ist irreal, weil ich das Haus gekauft habe, und ich den Kauf nicht mehr rückgängig machen kann.

3. Irrealer Vergleichssatz

Mit einem irrealen Vergleichssatz können wir etwas genauer beschreiben.

Sie freut sich.

Wie freut sie sich?

Sie freut sich <u>sehr.</u>

Sie freut sich, *als hätte sie im Lotto gewonnen.*

Sie hat nicht im Lotto gewonnen, aber sie freut sich genau so. Weil sie nicht im Lotto gewonnen hat, muss hier der Konjunktiv 2 stehen.

Er benimmt sich.

Wie benimmt er sich?

Er benimmt sich <u>arrogant.</u>

Er benimmt sich, *als wäre er ein Superstar.*

Er ist kein Superstar, aber er benimmt sich wie ein Superstar.

Weil er kein Superstar ist, muss hier der Konjunktiv 2 stehen.

Er rennt.

Wie rennt er?

Er rennt <u>schnell</u>.

Er rennt, *als würde ihn ein Löwe jagen*.

Ihn jagt kein Löwe, aber er rennt sehr schnell.

Weil ihn kein Löwe jagt, muss hier der Konjunktiv 2 stehen.

Den irrealen Vergleichssatz kann man als Hauptsatz (Verb an der 2. Stelle) oder als Nebensatz (Verb am Ende) bilden. Die Bedeutung ist gleich.

Hauptsatz: **als + Konjunktiv 2**

Sie freut sich, *als **hätte** sie im Lotto gewonnen*.

Er benimmt sich, *als **wäre** er ein Superstar*.

Er rennt, *als **würde** ihn ein Löwe jagen*.

Nebensatz: **als ob + Konjunktiv 2**

Sie freut sich, *als ob sie im Lotto gewonnen **hätte***.

Er benimmt sich, *als ob er ein Superstar **wäre***.

Er rennt, *als ob ihn ein Löwe jagen **würde***.

4. Höfliche Bitten, Fragen und Vorschläge

Hier benutzt man den Konjunktiv 2, um besonders höflich oder zurückhaltend zu sein. Der Imperativ ist viel direkter:

Könnten Sie bitte die Tür zumachen?

(Wenn Sie so nett wären und die Tür zumachen könnten.)

Machen Sie bitte die Tür zu!

Hätten Sie 5 Minuten Zeit für mich?

(Ich wäre Ihnen dankbar, wenn Sie 5 Minuten Zeit hätten.)

Haben Sie 5 Minuten Zeit für mich?

Wir könnten Speisen und Getränke mitbringen.

(Wenn du damit einverstanden wärst, könnten wir Speisen und Getränke mitbringen.)

Wir können Speisen und Getränke mitbringen.

Konjunktiv 2 im Text

Kapitel 1

> *„Jeanice könnte ein Treffen vielleicht falsch verstehen."*

=1b) Versteckter irrealer Bedingungssatz in der Gegenwart

Bedeutung im Text:

„Wenn ich mich mit Jeanice treffen würde, könnte sie ein Treffen vielleicht falsch verstehen."

Tim hat eine Freundin und möchte nur eine normale Freundschaft mit Jeanice haben. Er vermutet, dass Jeanice mehr als eine Freundschaft haben möchte. Er überlegt, ob es vielleicht ein Missverständnis gibt, wenn er sich mit ihr verabredet.

Kapitel 2

> *„Giorgio, könntest du bitte mal den Text auf Seite 78 vorlesen?"*

= 4) Höfliche Frage

> *„Wenn Jeanice herausgefunden hätte, dass ich gelogen habe, wäre es mir ziemlich peinlich gewesen."*

= 1a) Irrealer Bedingungssatz in der Vergangenheit

Bedeutung im Text:

Jeanine hat nicht herausgefunden, dass Tim gelogen hat, und deshalb ist es Tim nicht peinlich gewesen.

Tim ist erleichtert und denkt:

Da ich Giorgio jetzt eingeladen habe und mit ihm Essen gehe, wird Jeanice wahrscheinlich nicht merken (herausfinden), dass ich gelogen habe.

Kapitel 3

> *„Wäre ich doch nur 10 Zentimeter größer!"*

= 2) Irrealer Wunsch in der Gegenwart

Bedeutung im Text:

Jeanice ist nicht sehr groß. Sie möchte größer sein. Sie kann unmöglich plötzlich 10 Zentimeter größer sein. Ihr Wunsch kann nicht erfüllt werden.

> *„Wenn ich Geld hätte, würde ich eine Weltreise machen."*

= 1a) Irrealer Bedingungssatz in der Gegenwart

Bedeutung im Text:

Ich habe kein Geld, und ich mache keine Weltreise. Ich träume nur davon.

> *„Wenn ich 16 und 17 nicht verwechselt hätte, wäre ich zur Party gekommen."*

= 1a) Irrealer Bedingungssatz in der Vergangenheit

Bedeutung im Text:

Tim hat 16 und 17 verwechselt und ist nicht zur Party gekommen.

> *„Und wenn du gestern zur Party gekommen wärst, hätten wir zusammen tanzen können."*

= 1a) Irrealer Bedingungssatz in der Vergangenheit

Bedeutung im Text:

Du bist gestern nicht zur Party gekommen, und wir konnten nicht zusammen tanzen. (Das ist schade.)

> *„Wenn ich gestern zur Party gekommen wäre, hätten wir zusammen tanzen können."*

= 1a) Irrealer Bedingungssatz in der Vergangenheit

Bedeutung im Text:

Ich bin gestern nicht zur Party gekommen, und wir konnten nicht zusammen tanzen.

Satz A:

> *„Wenn ich keine Freundin gehabt hätte, hätte ich gern mit dir getanzt."*

= 1a) Irrealer Bedingungssatz in der Vergangenheit

Hier macht Tim einen grammatikalischen Fehler. Er wollte sagen:

Satz B:

„Wenn ich keine Freundin hätte, hätte ich mit dir getanzt."

In Satz A *hatte* Tim (jetzt nicht mehr) eine Freundin, und in Satz B *hat* Tim (jetzt immer noch) eine Freundin. Jeanice hat den Satz A richtig verstanden und glaubt, dass Tim jetzt keine Freundin hat. Das Wort *gern* bedeutet, dass man etwas mit Vergnügen macht.

Hier kann man erkennen, dass Tim Jeanice mag. Er findet sie sympathisch und kann sich vorstellen, dass es Vergnügen macht, mit ihr zu tanzen.

Kapitel 4

Tim und Julio planen die Party und stellen sich verschiedene Situationen vor:

> *„Ich weiß nicht. Glaubst du, Herr Müller würde wirklich kommen?"*

= 1b) Versteckter irrealer Bedingungssatz in der Gegenwart

Bedeutung im Text:

„Würde Herr Müller wirklich kommen, wenn wir ihn einladen würden?"

Julio und Tim haben ihn noch nicht eingeladen, aber sie stellen es sich vor. Tim zweifelt, dass Herr Müller kommt.

> *„Bestimmt würde er sich sehr über eine Einladung freuen."*

= 1b) Versteckter irrealer Bedingungssatz in der Gegenwart

Bedeutung im Text:

„Er würde sich bestimmt über eine Einladung freuen, wenn wir ihn einladen würden."

Julio vermutet stark, dass Herr Müller sich über eine Einladung freut.

> *„Wir könnten alle etwas mitbringen."*

= 1b) Versteckter irrealer Bedingungssatz in der Gegenwart

Bedeutung im Text:

„Wir könnten alle etwas mitbringen, wenn dir das helfen würde."

Julio macht einen Vorschlag.

> *„Ja, das wäre gut, alleine kann ich nicht so viel vorbereiten."*

= 1b) Versteckter irrealer Bedingungssatz in der Gegenwart

Bedeutung im Text:

„Ja, das wäre gut, wenn ihr etwas mitbringen könntet.
Alleine kann ich nicht so viel vorbereiten."

„Jeanice würde bestimmt versuchen, die ganze Zeit mit mir zu tanzen."

= 1b) Versteckter irrealer Bedingungssatz in der Gegenwart

Bedeutung im Text:

„Wenn wir Musik machen würden, würde sie versuchen, mit mir zu tanzen."

Tim vermutet stark, dass Jeanice mit ihm tanzen möchte.

„Und wenn wir Musik machen würden, würde sie sich sicher bei uns über den Lärm beschweren, und wir müssten die Party beenden."

= 1a) Irrealer Bedingungssatz in der Gegenwart

„Das könnten wir machen."

=1b) Versteckter irrealer Bedingungssatz in der Gegenwart

Bedeutung im Text:

„Das könnten wir machen, wenn wir uns dafür entscheiden würden."

Kapitel 5

> *„Jeanice macht Beispielsätze, als ob sie in Deutschland aufgewachsen wäre."*

= 3) Irrealer Vergleichssatz

Bedeutung im Text:

Sie ist nicht in Deutschland aufgewachsen, aber sie macht Beispielsätze wie eine Deutsche.

> *„Einen Kasten?", frage ich und habe ein bisschen Angst, dass sich alle betrinken, und die Party dann etwas zu lang dauern könnte.*

= 1b) Versteckter irrealer Bedingungssatz in der Gegenwart

Bedeutung im Text:

„Wenn Herr Müller einen Kasten Bier mitbringen würde, könnte die Party zu lange dauern."

Kapitel 6

> *„Ja, wenn wir Geld hätten, könnten wir das machen."*

= 1a) Irrealer Bedingungssatz in der Gegenwart

Kapitel 7

> *„Aber du hättest gerne, dass da was läuft, oder?"*

Bedeutung im Text:

Du hättest gern = Du möchtest.

Das ist dein Wunsch.

> *„An deiner Stelle würde ich da nichts anbrennen lassen."*

=1b) Versteckter irrealer Bedingungssatz in der Gegenwart

Bedeutung im Text:

„Wenn ich an deiner Stelle wäre, würde ich da nichts anbrennen lassen."

> *„Also, wenn sie in mich verliebt wäre, würde ich ..."*

=1a) Irrealer Bedingungssatz in der Gegenwart

> *„Würdest du bitte sofort mit dem Unsinn aufhören?"*

= 4) Höfliche Bitte

> *„Schade, ich glaube, sie würde gut zu dir passen."*

= 1b) Versteckter irrealer Bedingungssatz in der Gegenwart

Bedeutung im Text:

„Sie würde gut zu dir passen, wenn ihr zusammen wärt."

> *„Hätte ich mich bloß nicht mit ihr verabredet!"*

= 2) Irrealer Wunsch in der Vergangenheit.

Bedeutung im Text:

Tim bereut, dass er sich mit Jeanice verabredet hat.

> *„Sie würde bestimmt versuchen, eine neue Verabredung zu machen."*

= 1b) Versteckter irrealer Bedingungssatz in der Gegenwart

Bedeutung im Text:

„Sie würde bestimmt versuchen, eine neue Verabredung zu machen, wenn ich absagen würde."

Kapitel 8

> *„Ich habe keine Ahnung, wie sie darauf reagieren würde."*

= 1b) Versteckter irrealer Bedingungssatz in der Gegenwart

Bedeutung im Text:

„Ich habe keine Ahnung, wie sie darauf reagieren würde, wenn ich ihr sagen würde, dass ich mich mit einem anderen Mädchen treffe."

> *„Jetzt kommt mir der Gedanke, dass Jeanice ja vielleicht auch einen Freund haben könnte. "*

= 1b)Versteckter irrealer Bedingungssatz in der Gegenwart

Bedeutung im Text:

Wenn ich Jeanice fragen würde, könnte sie sagen, dass sie einen Freund hat.

Tim vermutet, dass Jeanice seine Freundin werden möchte. Deshalb glaubt er *nicht*, dass sie einen Freund hat. Plötzlich fällt ihm ein, dass er Jeanice noch nie gefragt hat, ob sie einen Freund hat.

Es ist also immer noch möglich, aber sehr unwahrscheinlich, dass sie einen Freund hat.

Kapitel 9

> *„Der gibt sein ganzes Geld nur für Kleidung aus und tut so, als wäre er unwiderstehlich."*

= 3) Irrealer Vergleichssatz

Bedeutung im Text:

Er ist nicht unwiderstehlich, aber er benimmt sich so.

> *„Hättest du Lust, mit mir zu tanzen?"*

= 4) Vorsichtige Frage

Übung macht den Meister

Konjunktiv 2
Lösung Seite 86

Kapitel 1-3

1. „Jeanice ... ein Treffen vielleicht falsch verstehen."

a) könntest   b) könnte   c) könntet

2. „Giorgio, ... du bitte mal den Text auf Seite 78 vorlesen?"

a) möchtest   b) könntest   c) hättest

3. „Wenn Jeanice herausgefunden ..., dass ich gelogen habe, ... es mir ziemlich peinlich gewesen."

a) hätte ... wäre   b) würde ... wäre   c) wäre ... hätte

4. „... ich doch nur 10 Zentimeter größer!"

a) Wäre   b) Würde   c) Könnte

5. „Wenn ich Geld..., ... ich eine Weltreise machen."

a) wäre, hätte   b) hättet, würde   c) hätte, würde

6. „Wenn ich 16 und 17 nicht verwechselt ..., ... ich zur Party gekommen."

a) hätte, wäre b) würdet, würde c) hätten, wäre

7. „Und wenn du gestern zur Party gekommen ..., ... wir zusammen tanzen können."

a) wärst, hätten b) würdest, würden c) wärst, wären

8. „Wenn ich gestern zur Party gekommen ..., ... wir zusammen tanzen können."

a) würde, wären b) wäre, hätten c) hätte, hätten

9. „Wenn ich keine Freundin gehabt ..., ... ich gern mit dir getanzt."

a) hätte, hätte b) hätte, würde c) hätte, wäre

Kapitel 4-5

1. „Ich weiß nicht. Glaubst du, Herr Müller ... wirklich kommen?"

a) würde b) wäre c) würdet

2. „Bestimmt ... er sich sehr über eine Einladung freuen."

a) würden b) würde c) würdest

3. „Wir ... alle etwas mitbringen."

a) könntet   b) hätten   c) könnten

4. Ja, das ... gut, alleine kann ich nicht so viel vorbereiten."

a) wäre   b) würde   c) könnte

5. „Jeanice ... bestimmt versuchen, die ganze Zeit mit mir zu tanzen."

a) wäre   b) hätte   c) würde

6. „Und wenn wir Musik machen ..., ... sie sich sicher bei uns über den Lärm beschweren, und wir ... die Party beenden."

a) würden, würde ...müssten   b) würden, würde ... hätten

c) würden, würdet ...müssten

7. „Das ... wir machen."

a) wären   b) könnten   c) hätten

8. Jeanice macht Beispielsätze, als ob sie in Deutschland aufgewachsen ....

a) wäre   b) würde   c) hätte

9. „Einen Kasten?", frage ich und habe ein bisschen Angst, dass sich alle betrinken, und die Party dann etwas zu lang dauern ... .

a) könnte   b) hätte   c) könnten

Kapitel 6-9

1. „Ja, wenn wir Geld ..., ... wir das machen."

a) hätte, könnten   b) hätten, könnten   c) hättet, könnten

2. „Aber du ... gerne, dass da was läuft, oder?"

a) würdet   b) würdest   c) hättest

3. „An deiner Stelle ... ich da nichts anbrennen lassen."

a) hätte   b) würde   c) könntet

4. „Also, wenn sie in mich verliebt ..., ... ich mit ihr tanzen."

a) wäret, würde   b) würde, wäre   c) wäre, würde

5. „... du bitte sofort mit dem Unsinn aufhören?"

a) Hättest   b) Würdest   c) Wärest

6. ... ich mich bloß nicht mit ihr verabredet!

a) Wäre   b) Hätte   c) Würde

7. Jetzt kommt mir der Gedanke, dass Jeanice ja vielleicht auch einen Freund haben ... .

a) könnte   b) würde   c) hätte

8. „Der gibt sein ganzes Geld nur für Kleidung aus und tut so, als ... er unwiderstehlich."

a) wäre   b) würde   c) hätte

9. „... du Lust, mit mir zu tanzen?"

a) Könntest   b) Wärest   c) Hättest

Lösung Kapitel 1-3

1b/2b/3a/4a/5c/6a/7a/8b/9a

Lösung Kapitel 4-5

1a/2b/3c/4a/5c/6a/7b/8a/9a

Lösung Kapitel 6-9

1b/2c/3b/4c/5b/6b/7a/8a/9c

Teil 3

Verben mit festen Präpositionen

Alle Verben brauchen ein *Subjekt*.

Ich schlafe.

Die meisten Verben brauchen auch noch ein *Objekt*.

Ich kaufe *ein Buch*.

Verben können auch zwei *Objekte* haben.

Ich schenke *dir ein Buch*.

Viele Verben brauchen eine Präposition vor dem *Objekt*.

Er redet <u>über</u> *den Urlaub*.

Manchmal brauchen Verben auch zwei Präpositionen.

Er redet <u>mit</u> *seinem Kollegen* <u>über</u> *den Urlaub*.

Manchmal kann ein Verb zwei verschiedene Präpositionen benutzen. Es hat dann verschiedene Bedeutungen:

1)

Ich <u>freue mich</u> **auf** die Reise.

Nächsten Monat mache ich eine Reise, und ich freue mich jetzt.

Der Grund für meine Freude liegt in der Zukunft.

2)

Ich <u>freue mich</u> **über** das Geschenk.

Ich habe ein Geschenk bekommen, und ich freue mich jetzt.

Der Grund für meine Freude liegt in der Vergangenheit.

Verben mit Präpositionen in einer Frage

Wenn wir die Verben in Fragen benutzen, unterscheiden wir zwei Möglichkeiten:

---

1. Wir fragen nach einer <u>Sache</u>:

Wovon träumst du? - Ich träume **von** einem neuen Auto.

wo + Präposition = wovon, womit, …

<u>Achtung:</u>

Fängt die Präposition mit einem Vokal an, benutzen wir:

wo + r + Präposition = wo<u>r</u>über, wo<u>r</u>auf, wo<u>r</u>an, …

Worüber sprecht ihr? – Wir sprechen **über** das Wetter.

Worauf freust du dich? – Ich freue mich **auf** die Ferien.

---

2. Wir fragen nach einer <u>Person</u>:

Über wen sprecht ihr? - Wir sprechen über Julio.

Präposition + Fragewort = über wen, mit wem, von wem, …

Mit wem triffst du dich? - Ich treffe mich **mit** Georgio.

Über wen wunderst du dich? – Ich wundere mich **über** Jeanice.

Verben mit Präpositionen in Sätzen

Steht hinter der Präposition kein Nomen, sondern ein *Satz*, benutzen wir:

---

da + Präposition = davon, damit, …

Er träumt **davon,** *ein großes Haus zu haben.*

Fängt die Präposition mit einem Vokal an, benutzen wir:

da + r + Präposition = da<u>r</u>über, da<u>r</u>um, …

Wir sprechen **darüber,** *dass Yuka Horrorfilme sieht.*

Ich bitte Sie **darum,** *im Unterricht leise zu sein.*

Ich denke **darüber** nach, *ob ich meine Freundin heiraten möchte.*

Oder auch umgekehrt:

Er ist heute nicht gekommen. Ich ärgere mich **darüber.**

Morgen fahren wir nach München. Ich freue mich schon sehr **darauf.**

„Am Sonntag machen wir bei mir eine Party."

„Bei dir?"

„ Ja, Julio hat mich **dazu** überredet (, eine Party zu machen)."

Andererseits konnte ich ihr auch nicht auf den Anrufbeantworter sprechen, dass ich mich mit einem anderen Mädchen treffe.

Ich habe keine Ahnung, wie sie **darauf** reagieren würde.

Es dauert aber nur ein paar Minuten, und *Julio kommt triumphierend mit einem großen CD-Spieler zurück.* Frau Hansen hat einen Karton mit CDs in der Hand und tänzelt hinter Julio her.

Damit hatte ich wirklich nicht gerechnet.

Lerntipps zu den Verben

Man muss diese Verben immer mit den Präpositionen lernen. Wichtig ist natürlich, dass man sich auch gleich merkt, ob nach der Präposition Dativ (3) oder Akkusativ (4) steht. Das gilt natürlich auch für Adjektive oder Nomen, die eine feste Präposition verlangen. (zB: Angst haben vor, stolz sein auf, …)

Tipp 1

Manchmal haben die Präpositionen eine bestimmte Bedeutung.

Die Präposition *auf* deutet oft auf etwas hin, das in der Zukunft liegt:

Nächste Woche mache ich Urlaub. Ich *freue mich auf* den Urlaub.

Das Paket kommt bestimmt morgen. Ich *warte auf* das Paket.

Am Samstag muss ich einen Test schreiben. Ich *bereite mich auf* den Test *vor*.

Das Ergebnis bekomme ich übermorgen. Ich *bin gespannt auf* das Ergebnis.

Die Präposition *über* deutet oft auf ein Thema:

Wir *lachen über* die Komödie.

Er *erzählt über* seinen Urlaub.

Ich *ärgere mich über* die Leute.

Ich *denke über* mein Leben *nach*.

Die Präposition *vor* kann man sich gut als Bild vorstellen:

Ich *habe Angst vor* dem Löwen.

Ich stehe **vor** dem Löwen und habe Angst. **Hinter** dem Löwen habe ich keine Angst, weil er mich nicht sieht.

Die Präposition *zu* deutet oft auf ein Ziel:

Ich *lade* dich *zu* meiner Party *ein*.

Er *gehört zu* diesem Verein.

Die Präposition *bei* deutet oft auf die Nähe eines Ortes oder einer Person. Wo? Bei Tim.

Er *entschuldigt sich bei* mir.

Er *bedankt sich bei* seinem Vater.

Tipp 2

Man kann sich auch Eselsbrücken machen:

Ich denke **an An**ita.

Ich bin verliebt **in In**grid

Es riecht **nach Nach**tisch.

Ich träume **von Yvon**ne.

Oder in der eigenen Sprache:

Ich bitte ihn **um** einen **um**brella.

Ich erinnere mich **an An**dorra.

Tipp 3

Man lernt die Verben besser in Gruppen. In den folgenden Wortlisten sind die Verben nach Präpositionen geordnet.

Verben + Präposition + Dativ (3)

beginnen **mit** + 3 = to start with sth. = ～を始める

anfangen mit + 3 = to start with sth. = ～を始める

sich treffen mit + 3 = to meet with so. = 会う、デートする

sich verabreden mit + 3 = to arrange to meet with so. = 会う約束をする

aufhören mit + 3 = to stop sth. = ～をやめる

umgehen mit + 3 = to deal with / to handle with so./ sth. = ～を扱う

zu tun haben mit + 3 = to have to do with so./ sth. = 関わる

streiten mit + 3 = to argue with so. = けんかする

sprechen mit + 3 = to talk to so. = ～と話す

telefonieren mit + 3 = to talk to so. on the phone= ～と電話で話す

rechnen mit + 3 = to expect so./ sth. = 予期する

Schluss machen mit + 3 = to put an end to sth. = 関係を終わらせる

---

abhängen **von** + 3 = to depend on so./ sth. = ～による

träumen von + 3 = to dream of so./ sth. = ～の夢を見る

erzählen von + 3 = to tell someone of so./sth. = ～について話す／知らせる

halten von + 3 = to think sth. of so. = ～をどう思う

sich erholen von + 3 = to recover from sth. = 休養して元気を取り戻す

meinen **zu** + 3 = to think about so./sth. = 〜についてどう思う

einladen zu + 3 = to invite to sth. = 〜をごちそうする

überreden zu + 3 = to talk so. into sth. =説得する（Julio に説得された）

gehören zu + 3 = to belong to so./ sth. = 属する

passen zu + 3 = to match = お似合い

auffordern zu + 3 = to invite so. to do sth. = 〜を申し込む

---

riechen **nach** + 3 = to smell of sth. = 〜の匂いがする

fragen nach + 3 = to ask for sth. = 〜について尋ねる

suchen nach + 3 = to look for sth. = 〜を探す

sich sehnen nach + 3 = to yearn for so./sth. = 恋しい、渇望する

---

warnen **vor** + 3 = to warn of so./ sth. =警告する

Angst haben vor + 3 = to be afraid of so. / sth. = 〜を心配する

---

helfen **bei** + 3 = to help with= 〜を手伝う

---

leiden **unter** + 3 = to suffer from = 苦しむ

Verben + Präposition +Akkusativ (4)

bitten **um** + 4 = to ask for sth. = お願いする

es geht um + 4 = it´s a matter of so./ sth. = 〜の話題だ

sich sorgen um + 4 = to worry about so./ sth. = 不安になる

sich kümmern um + 4 = to take care of so./ sth. = 〜に気を配る

sich bewerben um + 4 = to apply to sth. = 就活する

---

warten **auf** + 4 = to wait for so./ sth. = 〜を待つ

reinfallen auf + 4 = to fall for so./ sth. = 〜にひっかかる

sich vorbereiten auf + 4 = to prepare oneself for sth. = 〜の準備をする

ankommen auf + 4 = to depend on so./ sth. = 〜による

bestehen auf + 4 = to insist on sth. = 主張する／絶対〜だ

sich konzentrieren auf + 4 = to focus on /to concentrate on sth.=集中する

sich verlassen auf + 4 = to rely on so./ sth. = 〜に頼る

antworten auf + 4 = to reply to sth. = 〜に答える

achten auf + 4 = to pay attention to so./ sth. = 〜に気を付ける／注意する

sich freuen auf + 4 = to look forward to sth. = （未来の事を）楽しみにしている

gespannt sein auf + 4 = to eagerly look forward to sth. = ワクワクする／興味津々

das Gespräch lenken auf + 4 = to steer the conversation round to sth. = 話題を～の方向に向ける

stolz sein auf + 4 = to be proud of so./ sth. = ～を誇りに思う

reagieren auf + 4 = to respond / to react= 反応する

verzichten auf + 4 = to do without something= 要らない／放棄する

---

sich interessieren **für** + 4 = to be interested in so./ sth. = ～に関心がある

sich entscheiden für + 4 = to decide in favour of so./ sth. = ～に決める

halten für + 4 = to think so./ sth. is= ～とみなす

---

lachen **über** + 4 = to laugh at so./ sth. = ～について笑う

erzählen über + 4 = to tell about so./ sth. = ～について話す

staunen über + 4 = to marvel at / to be astonished = ～に驚く

berichten über + 4 = to report /to cover sth. = ～について報告する

reden über + 4 = to talk about so./ sth. = ～について語る、話す

nachdenken über + 4 = to think about / to reflect on so./ sth. = ～についてじっくり考える

sprechen über + 4 = to talk about so./ sth. = ～について話し合う

überrascht sein über + 4 = to be surprised about sth. = 驚く

sich freuen über + 4 = to be happy about sth. = 喜ぶ/嬉しい

sich ärgern über + 4 = to get angry about so./ sth. = ～に対して苛立つ

sich aufregen über + 4 = to get excited about so./ sth. = ～に憤慨する

---

kämpfen **gegen** + 4 = to fight / to battle against= こらえる

Verben + Präposition + Dativ (3) oder Akkusativ (4)

denken **an** + 4 = to think of so./ sth. = 思い出す

glauben an + 4 = to believe in so./ sth. = 信じる

schicken an+ 4 = to send to so. = ～に送る

zweifeln an + 3 = to have doubts about so./ sth. = 疑う

erkennen an + 3 = to recognize so./ sth. by= わかる、識別する

teilnehmen an + 3 = to participate in sth. = ～に参加する

sich erinnern an + 4 = to remember so./ sth. = ～を覚えている

sich gewöhnen an + 4 = to get used to sth. = 慣れる

---

verliebt sein **in** + 4 = to be in love with so. = 恋する

geraten in + 4 = to get into sth. = ～に陥る

sich irren in + 3 = to be wrong about so./ sth. = （～に対して）思い違いをする

Verben + Präposition + Dativ (3) + Präposition + Akkusativ (4)

sich bedanken bei + 3 für + 4 = to thank so. for = 礼を言う

sich entschuldigen bei + 3 für + 4 = to apologize to so. for sth. = 謝る

sich beschweren bei + 3 über + 4 = to complain to so. about sth. = 苦情を言う

sich unterhalten mit + 3 über + 4 = to talk with so. about sth. = 語り合う

diskutieren mit+ 3 über + 4 = to discuss sth. with so. = ～について討論する

Übung macht den Meister

Verben mit Präpositionen

Lösung Seite 115

Kapitel 1

1. „Denk einfach ... das Alphabet: „e" kommt vor „i" also sechs und dann sieben."

a) in   b) an   c) über

2. „Wenn ich mein Sprachzertifikat habe, bewerbe ich mich ... eine Stelle."

a) um   b) auf   c) an

3. „Eigentlich habe ich ... dich gewartet."

a) auf   b) an   c) um

4. Ich bin überrascht ... ihre direkte Art und weiß nicht, was ich sagen soll.

a) auf   b) für   c) über

5. Es ist eigentlich nichts dabei, wenn ich mich ... ihr treffe.

a) vor   b) mit   c) zu

6. Ich suche … einer weiteren Ausrede, aber mir fällt keine mehr ein.

a) in   b) für   c) nach

Kapitel 2

1. Julio lacht … meinen Fehler.

a) an   b) über   c) um

2. Und wann fangen wir … der Party an?

a) mit   b) an   c) um

3. „Habt ihr euch … die Diskussion vorbereitet?"

a) auf   b) an   c) um

4. „ … Dokumentationen interessiere ich mich nicht, die finde ich langweilig."

a) An   b) In   c) Für

5. Was meint ihr … ?

a) darum   b) dazu   c) davor

6. Das hängt … ab, wo ich bin.

a) davon   b) daran   c) davor

7. „Tim, du musst mehr … die Konjugation der Verben achten."

a) auf   b) für   c) um

8. „Das kommt ... den Film an. Vielleicht 2 Stunden."

a) in   b) für   c) auf

9. Ich möchte dich ... einer Pizza einladen.

a) vor   b) zu   c) auf

10. Giorgio wundert sich ... meine plötzliche Einladung und schaut mich fragend an.

a) auf   b) über   c) um

11. Ich kann mich nicht richtig ... das Thema konzentrieren, weil Jeanice immer wieder zu mir herüberschaut.

a) auf   b) in   c) für

Kapitel 3

1. Dort riecht es lecker ... überbackenem Käse.

a) nach   b) für   c) von

2. „ ... träumst du?"

a) Wovon   b) Wovor   c) Wofür

3. Ich weiß, dass jetzt der richtige Moment ist, ihr ... meiner Freundin zu erzählen.

a) über   b) aus   c) von

4. „Vielleicht kann ich ja deinen Wunsch am Samstag erfüllen! Ich freue mich schon ... .“

a) darüber   b) dafür   c) darauf

Kapitel 4

1. „Bestimmt würde er sich sehr ... eine Einladung freuen.“

a) an   b) für   c) über

2. „Was hältst du ..., seine Frau auch einzuladen?“

a) davon   b) davor   c) danach

3. „Kein Problem, ich spreche ... den anderen.“

a) mit   b) von   c) über

4. „Sie leidet noch immer stark ... der Trennung.“

a) bei   b) mit   c) unter

5. Und wenn wir Musik machen würden, würde sie sich sicher ... uns ... den Lärm beschweren.

a) über ... bei   b) bei ...über   c) an ... um

6. „Nein! Ich bestehe ..., dass wir keine Musik machen.“

a) darauf   b) darüber   c) darum

7. „Dann schlage ich vor, dass jeder Fotos von seiner Heimat mitbringt und etwas ... erzählt."

a) daran   b) darüber   c) dafür

Kapitel 5

1. Am Nachmittag beginnen wir den Unterricht ... einem Vokabeltest.

a) zu   b) von   c) mit

2. Alle staunen ... Jeanice.

a) von   b) über   c) an

3. Ich bin ziemlich stolz ... sie.

a) über   b) in   c) auf

4. Nach dem Unterricht will ich ... ihr sprechen.

a) an   b) nach   c) mit

5. „Julio hat mir ... der Party am Sonntag erzählt."
a) mit   b) nach   c) von

6. „Gut, ich bin gespannt ... Ihre Fotos."
a) auf   b) an   c) um

7. Ich setze mich auf die Bank und ärgere mich ... Herrn Müller.

a) an   b) auf   c) über

Kapitel 6

1. Zu Hause erhole ich mich bei einem Bier ... diesem anstrengenden Tag.

a) mit   b) bei   c) von

2. Später telefoniere ich ... meiner Freundin.

a) mit   b) zu   c) an

3. In diesem Monat nimmt sie ... einem Seminar teil.

a) zu   b) in   c) an

4. „Ja, Julio hat mich ... überredet."

a) dazu   b) davon   c) daran

5. Sie berichtet mir noch etwa zehn Minuten ... ihren Besuch in der Zentralbank.

a) über   b) an   c) auf

6. In der Talkshow geht es ... den Bau des Berliner Flughafens.

a) um   b) in   c) auf

7. In so einer Situation zweifle ich immer ... meinen
Deutschkenntnissen.

a) von b) auf c) an

8. Aber ich will nicht ... den Leuten gehören, die zu schnell
aufgeben.

a) zu b) nach c) von

Kapitel 7

1. Am Freitag diskutieren wir im Sprachkurs ... das
Rauchen.

a) auf b) über c) in

2. Dann reden wir ... unseren Deutschkurs, Herrn Müller
und das Leben in Deutschland.

a) über b) an c) gegen

3. „Sag mal, was hältst du eigentlich ... Jeanice?"

a) an b) in c) von

4. „Also, wenn sie ... mich verliebt wäre, wäre ich glücklich."

a) in b) auf c) über

5. „Würdest du bitte sofort ... dem Unsinn aufhören?

a) mit   b) von   c) vor

6. Glaubst du etwa ... Treue?

a) auf   b) an   c) in

7. „Schade, ich glaube, sie würde gut ... dir passen."

a) mit   b) nach   c) zu

8. Ich frage Giorgio ... seiner Familie.

a) nach   b) über   c) von

9. ... meine Schwester kann ich mich verlassen.

a) An   b) In   c) Auf

10. Ich erinnere mich oft ... eine Situation, als wir noch sehr klein waren.

a) an   b) in   c) über

11. Dann zieht er seine Jacke an, bedankt sich ... mir und geht.

a) an   b) bei   c) zu

12. Ich trinke in Ruhe mein Bier aus und denke noch einmal ... Giorgios Worte nach.

a) über   b) an   c) in

13. Langsam sorge ich mich doch ... mein Treffen mit Jeanice.

a) in b) auf c) um

14. Hätte ich mich bloß nicht ... ihr verabredet!

a) zu b) nach c) mit

15. Ich muss ihr von meiner Freundin erzählen, damit ich nicht ... Schwierigkeiten gerate.

a) in b) über c) auf

Kapitel 8

1. Die Verkäuferin ärgert sich ... mich.

a) in b) auf c) über

2. Ich entschuldige mich mehrmals ... ihr ... die Sauerei.

a) bei ... für b) von ... auf c) zu ... über

3. Jetzt regt sie sich so richtig ... mich auf.

a) an b) in c) über

4. ... ihrem Blick erkenne ich, dass sie es ernst meint.

a) An b) Von c) Mit

5. Ich suche ... meiner Geldbörse und merke, dass ich sie vergessen habe.

a) von   b) nach   c) zu

6. Deshalb bitte ich die Kassiererin ..., die Sachen auf die Seite zu stellen.

a) darauf   b) darum   c) daran

7. Ich habe ein bisschen Angst ..., dass mich meine Freundin heute Abend anruft.

a) daran   b) davor   c) davon

8. Ich muss mich am Nachmittag noch ... die Vorbereitung kümmern.

a) um   b) über   c) von

9. Ich ärgere mich ... meine Unehrlichkeit.

a) in   b) auf   c) über

10. Ich habe keine Ahnung, wie sie ... reagieren würde.

a) darüber   b) daran   c) darauf

11. Zuerst unterhalten wir uns ... ihre Gastfamilie.

a) an   b) über   c) auf

12. „Sehnst du dich manchmal ... deiner Heimat?"

a) von   b) zu   c) nach

13. Ich habe mich schon … das Leben in Deutschland gewöhnt.

a) in   b) auf   c) an

14. „Na ja, wir kennen uns ja noch nicht so lange, … haben wir noch nicht gesprochen, aber das ist schon möglich."

a) damit   b) dagegen   c) darüber

Kapitel 9

1. Sie helfen mir noch … den Vorbereitungen.

a) über   b) bei   c) in

2. Ich bitte deine Vermieterin … ein paar Stühle.

a) um   b) auf   c) für

3. Hallo, Tim, dein Freund Julio hat mich … eurer Party eingeladen.

a) vor   b) zu   c) nach

4. „Ja, natürlich, Frau Hansen, ich freue mich sehr …, dass Sie hier sind."

a) darüber   b) darauf   c) dafür

5. Frau Hansen entscheidet sich natürlich … die Tapas.

a) für   b) auf   c) an

6. Er weiß wirklich, wie man ... Frauen umgeht.

a) mit   b) zu   c) nach

7. Ich halte ihn ... einen Playboy.

a) an   b) für   c) über

8. Hansen hat einen Karton mit CDs in der Hand und tänzelt hinter Julio her. ... hatte ich wirklich nicht gerechnet.

a) Damit   b) Davon   c) Danach

9. Er fordert Frau Hansen ... Tanzen auf.

a) zum   b) auf   c) über

10. Ich hoffe, dass sie nicht ... Giorgio reinfällt und überlege, ob ich sie ... ihm warnen soll.

a) in ... bei   b) an ... zu   c) auf ... vor

11. Mir fällt auf, dass sie noch gar nicht ... meine Nachricht geantwortet hat.

a) an   b) auf   c) über

12. „Es ist aus, ich mache ... dir Schluss."

a) nach   b) bei   c) mit

13. Für ein paar Minuten sitze ich einfach so da und kämpfe ... den Schmerz.

a) in   b) gegen   c) an

14. Habe ich mich so ... ihr geirrt?

a) für   b) an   c) in

15. Habe ich zu oft ... ihr gestritten?

a) mit   b) von   c) zu

Wunderbar!

Du hast es geschafft!

Die Lösungen findest du auf der nächsten Seite.

Lösung Kapitel 1

1b/2a/3a/4c/5b/6c

Lösung Kapitel 2

1b/2a/3a/4c/5b/6a/7a/8c/9b/10b/11a

Lösung Kapitel 3

1a/2a/3c/4c

Lösung Kapitel 4

1c/2a/3a/4c/5b/6a/7b

Lösung Kapitel 5

1c/2b/3c/4c/5c/6a/7c

Lösung Kapitel 6

1c/2a/3c/4a/5a/6a/7c/8a

Lösung Kapitel 7

1b/2a/3c/4a/5a/6b/7c/8a/9c/10a/11b/12a/13c/14c/15a

Lösung Kapitel 8

1c/2a/3c/4a/5b/6b/7b/8a/9c/10c/11b/12c/13c/14c

Lösung Kapitel 9

1b/2a/3b/4a/5a/6a/7b/8a/9a/10c/11b/12c/13b/14c/15a

Bücher von Easy German Grammar Stories:

der – maskuline Nomen

Sprachniveau: Ab A1
Alle Nomen sind **maskulin** und auf Englisch, Spanisch und Japanisch übersetzt.

Handlung:
Max geht auf den **Markt** und kauft **Spargel** und **Schinken**. Danach möchte er noch einen kleinen **Spaziergang** machen. Aber am **Fluss** trifft er seinen neuen **Nachbarn**, und sie machen einen kleinen **Ausflug** zum **Biergarten**.

Grammatik:
-Deklination der maskulinen Nomen, Artikel und Adjektive
-Präpositionen

www.easygermangrammarstories.de

die – feminine Nomen

Sprachniveau: Ab A1
Alle Nomen sind **feminin** und auf Englisch, Spanisch und Japanisch übersetzt.

Handlung:
Hana spielt **Geige** und studiert **Musik**. Sie hat bald eine wichtige **Aufführung** und muss fleißig üben. Das ist aber nicht immer so einfach, denn sie lebt in einer **Wohngemeinschaft** mit zwei anderen **Frauen**.

Grammatik:
-Deklination der femininen Nomen, Artikel und Adjektive
-Präpositionen

www.easygermangrammarstories.de

das – neutrale Nomen

Sprachniveau: Ab A1/A2
Alle Nomen sind **neutral** und auf Englisch, Spanisch und Japanisch
übersetzt.

Handlung:
Das **Märchen** vom kleinen **Wildschwein** erzählt von einem kleinen
Wildschwein, das auf dem **Land** wohnt und zu den sieben großen
Gebäuden fährt, um dort so einiges zu erleben.

Grammatik:
-Deklination der neutralen Nomen, Artikel und Adjektive
-Präpositionen
-Präteritum

www.easygermangrammarstories.de

Printed in Great Britain
by Amazon